超HOT 海釣り場ガイド
千葉・神奈川・静岡

人気のルアーフィッシング（アジ・メバル・アオリイカ・シーバス、ロックフィッシュ）から、手軽な堤防、サーフ、ボート、磯釣りまで！

つり人社書籍編集部 編

つり人社

目次

●千葉県

- 飯岡新港 アジ 8
- 夷隅川河口 シーバス 9
- 夷隅川河口 クロダイ、キビレ 10
- 大原漁港 サヨリ 11
- 大原タグリア イシモチ 12
- 岩船漁港 メバル 13
- 岩和田漁港 アジ 14
- 吉尾港 マダイ 15
- 鵜原漁港 アジ 16
- 守谷漁港 アオリイカ 17
- 守谷海岸 アジ 18
- 興津東港 クロダイ 19
- 興津東港 アジ 20
- 興津西港 メジナ 21
- 興津西港 ショゴ 22
- 浜行川漁港 カイズ 23
- 浜行川漁港 アジほか 24
- 大沢弁天 メジナ、クロダイ 25
- 実入の磯 アオリイカ 26
- 鴨川漁港 カンパチ 27
- 小湊漁港 アジ 28
- 太夫崎港 アジ 29
- 和田浦漁港 サヨリ 30
- 千倉港赤灯台 クロダイ 31
- 一本橋 サヨリ 32
- 千田港 クロダイ 33
- 乙浜港 アジ 34
- 乙浜港 アオリイカ 35
- 宝来島＆原港 アジ、メバルほか 36
- ガーデン下の磯 アジ、イサキ 37
- 川下港前の磯 アジ、メバル 38
- 布良漁港 ショゴほか青もの 39
- 相浜港 シロギス、アジ、シマアジ 40
- 沖ノ島護岸 シロギス、カワハギ、シロギス 41
- 北条海岸 クロダイ 42
- 那古海岸 イシモチ、シロギス、マゴチ 43
- 富浦湾 シロギス、マゴチ 44
- 富浦湾 アオリイカ 45
- 金谷フェリー港 ムラソイ、カサゴ 46
- 布引海岸 フッコ 47
- みなと公園 スズキ 48

●神奈川県

- ふれーゆ裏 アオリイカ 49
- 幸浦岸壁 カサゴ 50
- 福浦南岸壁 メバル 51
- 平潟湾 メバル、フッコ 52

野島防波堤・赤灯 シロギス、カレイ 53
うみかぜ公園 サバ等青もの、カサゴほか 54
伊勢町海岸 メバル 55
観音崎 マコガレイ 56
鴨居港 シロギス 57
三浦海岸 マコガレイ 58
金田湾 クロダイ 59
金田湾 イイダコ 60
油壺マリーナ メバル 61
別荘下 メジナ 62
葉山沖 アジ 63
相模川 シーバス 64
湘南〜西湘 青もの 65
二宮〜早川 ヒラメ、マゴチ 66
戒崎 メジナ 67
カワウソ メジナ 68
湯河原高校裏 アオリイカ 69
　　　　　　　　　　　70

● 静岡県

網代港 アオリイカ 71
網代港 青もの 72
宇佐美海岸 シロギス 73
ハトヤ裏 アジ 74
ハトヤ裏 メジナ 75
ハトヤ裏 アオリイカ 76
汐吹崎 アオリイカ 77
汐吹崎 カワハギ 78
汐吹崎周辺のゴロタ ムラソイ 79
川奈崎のゴロタ ムラソイ 80
八幡野マサキ・ヒナダン カサゴ 81
熱川堤防 サバほか青もの 82
青野川河口 スズキ、ヒラメ、マゴチほか 83
松崎港＆那賀川河口 マゴチ 84
御浜崎 ヤリイカ 85
御浜崎 青もの 86
御浜崎 メバル 87
戸田港 メッキ 88
千本浜海岸 アオリイカ 89
原海岸 カワハギ 90

対象魚別釣り場 INDEX 91
釣り場で使う結びの例 93
フィールド取材＆執筆者 95

図版製作　北園 青・廣田雅之・廣田ゆうこ

3

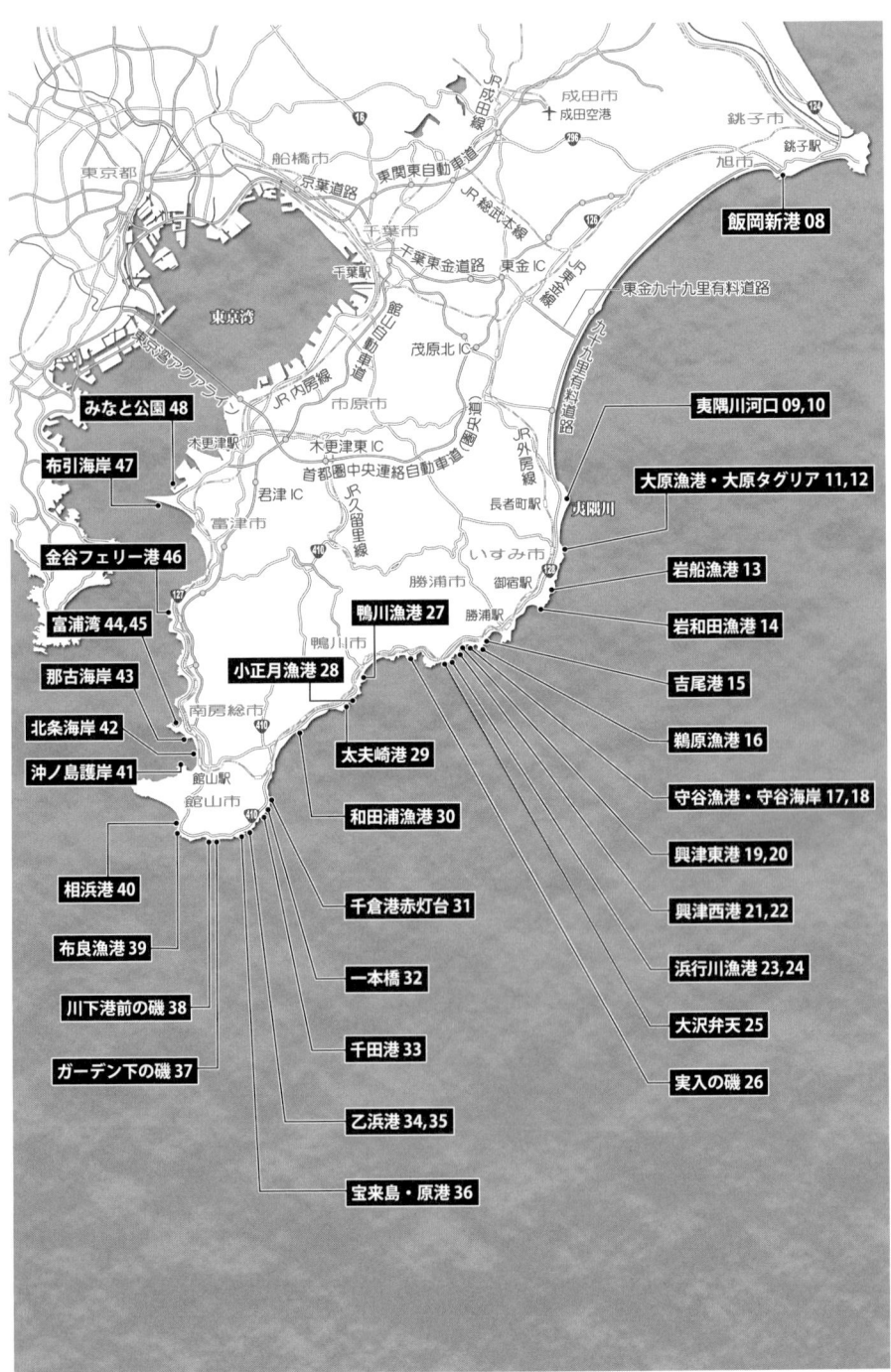

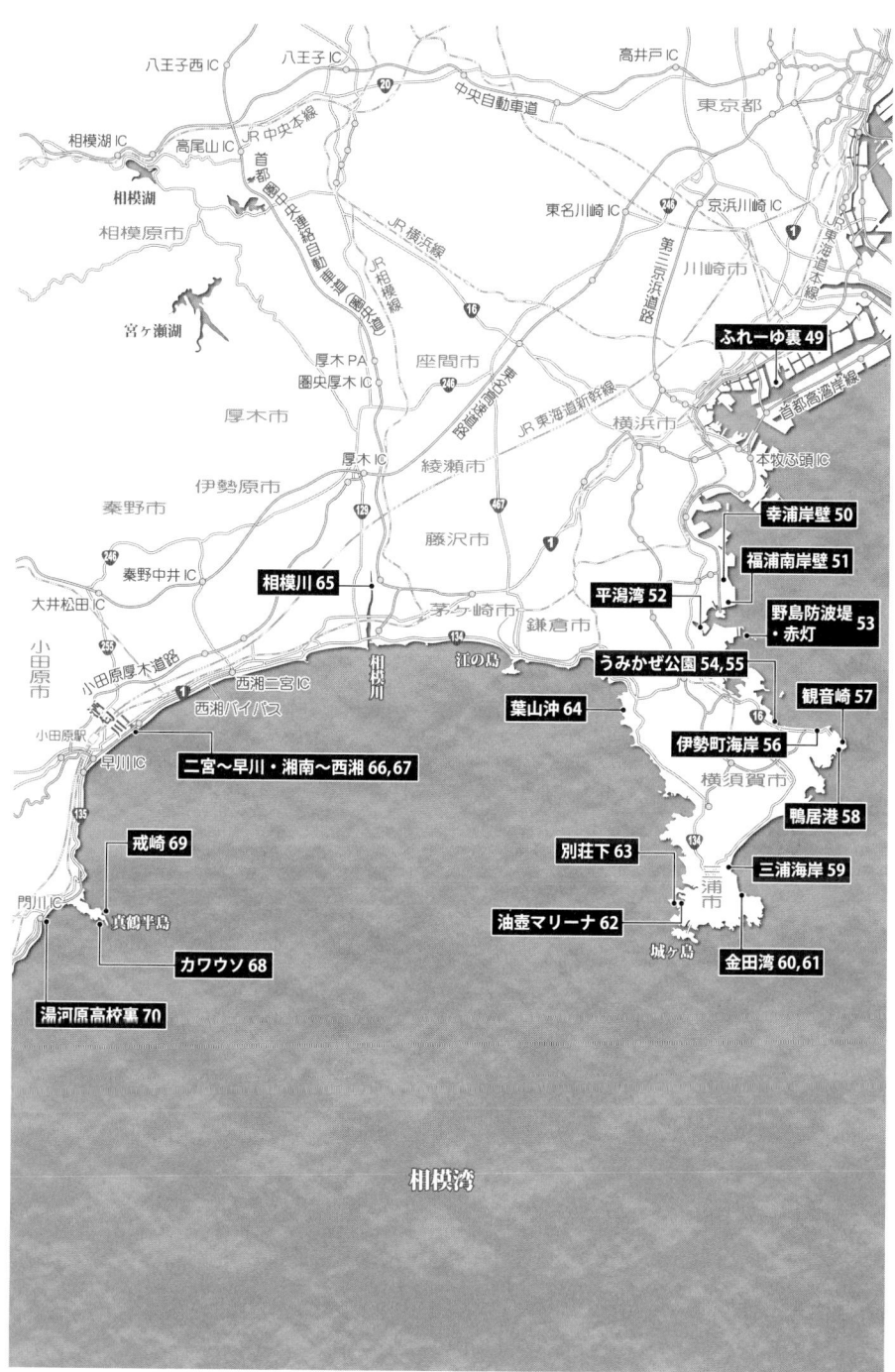

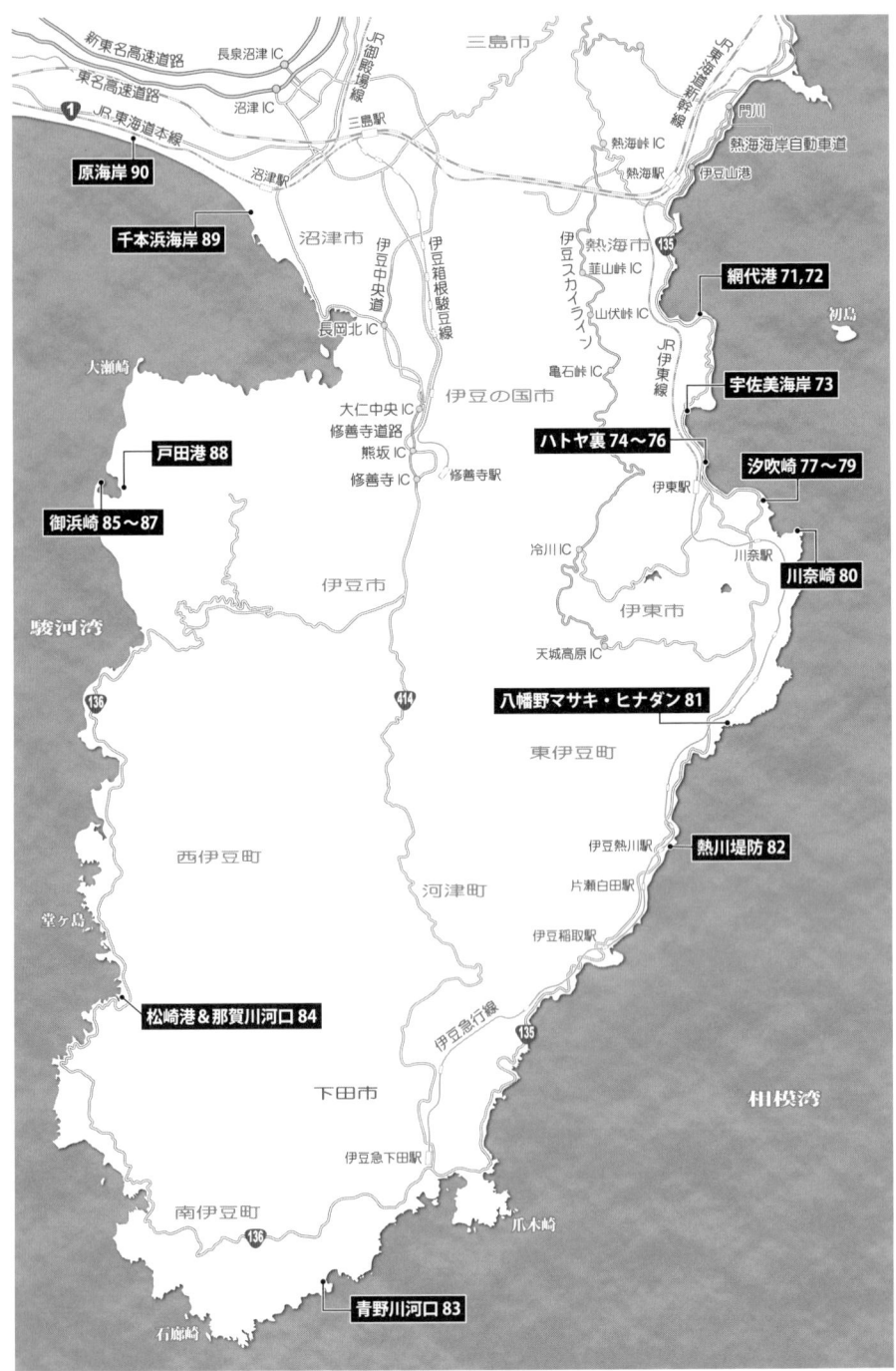

はじめに〜本書の使い方

●釣り場エリア

本書は、汽水域のシーバスと、ボート釣りを含む海釣り場のガイドブックです。掲載フィールドは千葉、神奈川、静岡の3県エリアです。

●各記事の内容

本書の各釣り場は、月刊『つり人』2013年12月号〜2015年7月号の関東周辺HOT情報の記事中から選択・抜粋したものです。経験豊富な複数の釣り人が実際に釣りをして、その釣り場で特定の月や季節におすすめの釣りものについて解説した生の情報です。

本文末には初出の時期が分かるように、『つり人』掲載年月号と執筆者名を記しました。ただし、『つり人』の掲載月数は、実際のカレンダーから2ヵ月ほど先行しています。

※例→（2015.4／渡邉）＝2015年2月下旬に発売された号の記事。

●同一の釣り場が複数登場する頁について

同じ釣り場が複数回紹介されている場合、異なる対象魚が紹介されています。

●対象魚から調べたい場合は……

P91〜92の対象魚別INDEXをご利用ください。

●ハゼの釣り場は？

ハゼ釣り場は、姉妹本にあたる『タナゴ・フナ 水郷＆首都圏ワクワク釣り場ガイド』に12個所（汽水河川含む）を収載しています。

●その他

海の釣り場は、四季を通じて多彩な対象魚の釣りを楽しめるのが大きな魅力です。本書で解説している釣期以外の釣りものについては問合先等でお確かめください。

お断りとお願い

単行本化にあたり、各記事の見直しを行なうように努めましたが、本書のすべての情報を保証するものではありません。現地で釣り禁止や立入禁止、駐車禁止等の措置がとられている場合もあり得ます。現場の状況等が異なっている場合もあり得ます。現地で釣り禁止や立入禁止、駐車禁止等の措置がとられている場合は、必ず指示に従ってください。また、そのようなことにならないためにも、釣行の際には事前に最寄あるいは本文問合先の釣具店等で現地情報をご確認ください。

釣り場では、釣り人として、地元住民、漁業関係者、他のレジャー愛好者に迷惑をかけず、釣り人同士でもトラブルを起こすことのないように心がけて釣りをお楽しみくださいい。また、資源の減少が懸念される魚種の乱獲等は厳に慎みましょう。

飯岡新港 旭市

アジ

広いポイントでのんびりアジング

GUIDE
- 釣期　11月下旬〜12月。
- 交通　圏央道から銚子連絡道・横芝光ICに進みR126を銚子方面へ。飯岡バイパス東口を右折し県道30で飯岡新港へ。
- 問合先　プロショップ・ケイズ旭店（☎0479-64-1707）。

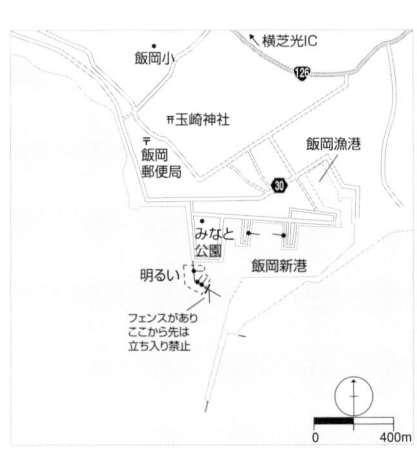

秋が深まると海水温も下がり、アジの適水温となる。飯岡新港は、12月いっぱいでもシーズン真っ盛り。房総半島は勝浦以南の外房エリアでアジングの人気が高いが、釣り人も多い。ポイントに入りづらくアジもスレ気味だ。その点、飯岡漁港はポイントも広く人も密集しないのでのんびりと楽しめる。アジの群れが入っていれば、1時間10〜20尾のペースで釣れることも多い。

ポイントは漁港の右側から伸びる堤防の内側一帯。夜になると常夜灯が午後10時まで点くため、明るく足場がよい。手すりもあるので安心だ。外側も明るくアジをねらえるが、足場が高くて釣りにくい。漁協周辺の護岸も常夜灯があり、ポイントだ。こちらの常夜灯は夜間に点灯し続ける。有望な時間帯はベイトが動く朝夕のマヅメと、常夜灯の明かりにベイトが集まる夜間。

タックルは2種類あると釣りの幅が広がる。1つは6〜7フィートの張りのある高感度なアジングロッドに、2000番（ダイワ）のスピニングリール。ラインはフロロかエステルの1.5〜2ポンド。フロロなら直結でOKだが、エステルは2〜3ポン

ドリーダーを20cmほど結束する。ルアーは1g程度の軽量ジグヘッドリグを漂わせるようにしてねらう。もう1つは7〜8フィートの軟らかいロッドに、リールは同サイズのノーマルギアを組み合わせる。ラインはナイロンがおすすめ。このタックルでは1〜3gのジグヘッドを広範囲にキャストしてリトリーブ主体でねらっていく。

使い分けは、活性の低い時は高感度なタックルで軽量ジグヘッドを使い、小さなアタリを取る。活性の高い時は柔軟なタックルを使い、リトリーブで効率よく釣っていくのがベターだ（2015.1／渡邉）。

飯岡新港。アジの群れが入ってくれば1時間に10〜20尾のペースで釣れることも

8

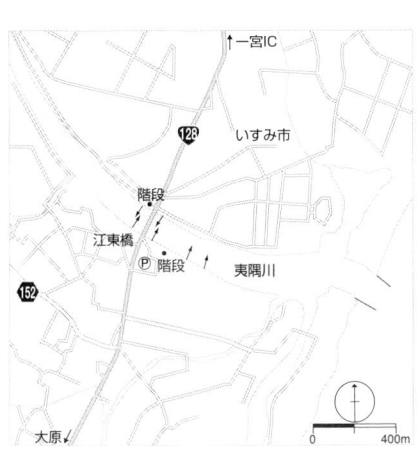

夷隅川河口 いすみ市

シーバス

落ちアユパターンで大型ねらい

GUIDE
● 釣期　10月下旬～11月。
● 交通　九十九里有料道・一宮料金所から県道30を進みR128を経由して夷隅川へ。
● 問合先　アタック5大原店（☎ 0470-64-0030）。

房総半島の外房へ流れる夷隅川は、半島で最大の流域面積を持つ河川。この時期はターゲットが豊富だが、なかでも大型がねらえるシーバスが面白い。アユが産卵のために川を下る落ちアユの時期でもある。このアユはシーバスにとって最も捕食しやすいベイトであるため、シーバスが引き寄せられる可能性もある。平均で60～70㎝、最大90㎝オーバーが釣れる可能性もある。

河口から約5km上流にある潮止め堰までどこでもシーバスがねらえるが、手軽にエントリーできて、大型もねらえる江東橋周辺がおすすめ。江東橋はR128の橋で、最も下流側にある。この辺りの川幅は140mほどあり、水深は最大で4mほど。底は砂泥で、カキ殻帯が点在している。

実績の高い時間帯は夜。江東橋の常夜灯からの明かりが河川に映るので、明暗部を重点的にねらう。さらに、満潮からの下げ始めで、流れが利き出すとシーバスの活性が高くなる。大原側は階段を下ると足場のよい護岸があるが、橋寄りは満潮時になると水没するのでウエーダーかニーブーツが必要。下流側は150mほど護岸が続くが

上流側は20mほどしかない。
一宮側は橋の上流側に川へ降りる階段があり、橋から下流側には一応護岸があるが、潮位の高い時間帯は全体的に水没するのでウエーダーが必要。こちら側は全体的にやや浅く、橋の上流側には砂が堆積している。下流側は砂泥が堆積し、所々に杭や流木があるので根掛かりに注意する。

基本的な釣り方は、ルアーをやや上流側へキャストして泳ぐぎりぎりのスピードでゆっくり巻きながら流す。おすすめのルアーは、ダイワ「ショアラインシャイナーZ120F」などの9～14㎝のフローティングミノーや、ダイワ「レイジー95S」などの8～12㎝のシンキングペンシル。
日中はバイブレーションでボトム付近を速巻きでねらうと見切られにくい。
下流側の護岸も水深があり好ポイント。日中は橋の日陰部分や橋脚周辺、大原側大原側の護岸には針金が張られてあるのでキャスト時には注意。また、一宮側で立ち込む際は急に深くなっている場所もあるので細心の注意を払うこと（2014・12／渡邊）。

9

夷隅川河口 いすみ市

クロダイ、キビレ

日中のトップゲームが面白い

GUIDE
- 釣期　7月下旬〜8月。
- 交通　圏央道・市原鶴舞ICを降りR297、465、128経由で一宮方面へ。九十九里有料道からは県道30、R128経由で夷隅川へ。
- 問合先　アタック5大原店 ☎ 0470-64-0030

　6月頃から徐々に釣れ出し、夏場にピークを迎えるのがクロダイ＆キビレのルアーフィッシング。日中トップにバイトする瞬間が見え、とてもエキサイティングだ。

　房総半島の太平洋側を流れる夷隅川の河口エリアには好ポイントがある。特にキビレは外房周辺のなかでは比較的多い。クロダイもねらえるが、キビレのほうがルアーに対して好反応を示す場合が多い。特に30cm以上になるとキビレがほとんど。アベレージは40cm前後で、群れに当たると3〜4尾立て続けにヒットすることもある。

　キビレは河口から6kmほど上流にある潮止め堰付近まで上がる。実績が高いのは河口付近にある干潟と支流の三軒屋川。干潟は河口から100mほどの場所に消波ブロック帯が数ヵ所切れており、本流と繋がっている。水深は満潮時でも1〜1.5mと浅く、大潮の干潮時では大部分が露出してしまうほどだ。底質は主に砂でカキ殻が点在。干潟の奥は泥が多くなり、底は柔らかい。

　クロダイ、キビレは干潟全体を回遊しているが、特に実績が高いのは本流側。三軒屋川も全体的に回遊するが、実績が高いのはカキ殻の多い橋の周辺。

　タックルは7〜8フィートのシーバスロッドにリールは2500番。ラインはPE0.8号前後にリーダーはフロロカーボン3号を1mほど結ぶ。釣り方は、日中ならトップゲームが面白い。ルアーは5〜7cmのポッパーが基本。アクションはロッドを軽く動かしてポコッと1秒に1回ほどアクションさせる。ここで大事なのが、ルアーは軽くアクションさせること。強すぎると水面を飛び出してしまったり、移動距離が長くなったりしてしまい、魚の活性が低いと追い切れない。

　ルアーに反応すると後ろで水面が盛り上がるなどの変化が起きる。この時に早アワセだとフッキングしないことが多い。チェイスがあってもアクションを続け、ロッドに重みがかかった時点で合わせること。

　好条件は潮位の高い時間帯と澄み潮。特によい潮位は上げ7分〜満潮まで。エサ釣りでは濁りが入ると好条件だが、ルアーの場合は澄み潮時のほうが釣果は上がっている（2014.9／渡邉）。

10

大原漁港 いすみ市

サヨリ

40cmオーバーも顔を出す

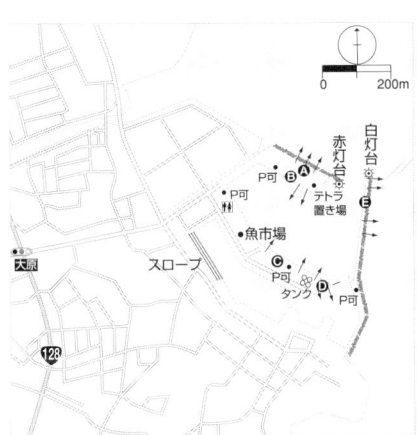

GUIDE
- 釣期　1月下旬〜2月。
- 交通　九十九里有料道路・一宮料金所を降り県道30、R128で勝浦方面へ。大原交差点を左折すると約300m先に大原港。
- 問合先　餌しげ釣具店（☎ 0470-63-0766）。

サヨリは晩秋から釣れ始め、年末には35cmほどになる。引きも強くなり、時には40cmを超えるような良型も釣れる。大原漁港では港内はノベザオで、外側ではカゴ遠投やウキフカセ釣りでねらえる。漁港にはトイレが併設され、駐車料金もなく、外海に面した堤防以外のほとんどの場所は車横付けでサオをだせる。コンビニも車で2分ほどの所にありファミリーにも最適だ。

図Aは先端部分のみ消波ブロックがなく、足場もよく釣り人の姿が絶えない人気ポイント。ここはカゴかウキフカセ釣りでねらえる。また数、型ともにEより劣る。

B〜Dはファミリーや初心者におすすめ。護岸に車を横付けしてサオがだせる。ただし、型は小型が主体で大型は望めない。ここではノベザオで釣るのがベストで、手返しよく数を伸ばしたい。

図Eは外海に向き、消波ブロック上からの釣り座で上級者向き。潮通しがよくカゴ釣りでサヨリをねらう人が多く見られる。型を望むならEの堤防のほうが実績は高い。

よく釣果が聞かれるのは、風が強い日や、海がシケた後など。ただサヨリは回遊魚なので接岸状況を最寄りの釣具店に問い合わせてから出かけたい。また、回ってくればあちこちで釣れるが、すぐに去ってしまうので、寄せエサを少量ずつこまめに撒くと長い時間食いを持続させられる。

寄せエサはイワシのミンチを水に溶いた水コマセを使用。カゴ釣りの場合はアミコマセをカゴに入れ、付けエサも大粒の赤アミやオキアミの小、時にはイソメ類も使用するとよい。ベニサシやハンペンを使う人もいる（2015・3／鶴岡）。

車横付けで楽しめるポイントも多く、ファミリーにうってつけ

11

大原タグリア いすみ市
イシモチ
有名漁港の穴場スポット

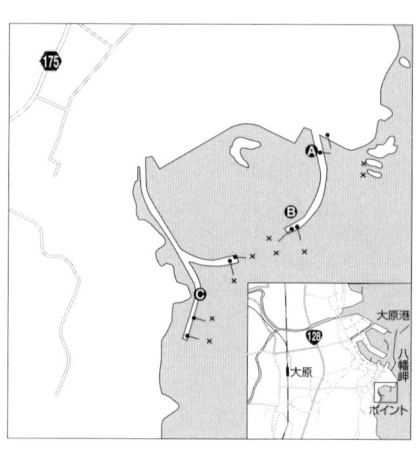

GUIDE
- 釣期　5月下旬〜6月。
- 交通　九十九里有料道・一宮料金所より県道30、R128で勝浦方面。大原漁港入口交差点を左折し約300m先に大原港がある。港の右側堤防の付け根部分に駐車し徒歩でタグリアに向かう。
- 問合先　餌しげ釣具店（☎ 0470-63-0766）。

房総半島屈指の大型港・大原港。その近くに地元の人がこっそりと楽しんでいる釣場がある。大原港白灯堤防の付け根から続く護岸をそのまま南に進んだ先にある、2本の堤防に囲まれた入り江がタグリア（丹ヶ浦）と呼ばれる釣り場だ。左右から伸びる堤防は内、外ともに消波ブロックが敷き詰められている。全体的に水深が浅く濁りが入りやすい。また砂地にツブ根や海藻が点在し、イシモチをねらうには絶好の場所だ。エサはアオイソメ主体に、エサ取りが多い時はサンマの切り身がよい。

図A　左から伸びる堤防の付け根付近で、水深は足元で2〜3mしかなく、少しの波でも砂が舞い上がり濁る。足元の消波ブロック付近から沖30mまでがポイント。左の岩付近ではアイナメなども釣れる。

図B　左堤防の先端付近で、沖向きはA同様足もとから30m沖までを丁寧に探る。釣り人がいなければ右堤防の消波ブロック周辺をねらってもよい。海がシケた後などは、裏向きの湾の中にイシモチの群れが入って入れ食いになったこともある。

図C　南側に伸びる護岸でここも水深は2m前後。岩礁帯で起伏に富む。イシモチ釣りにはあまり適さないが、岩と岩の間や海藻周辺をねらうと思わぬ釣果が得られる。ポイントに仕掛けを投入したら、サビかずそのままアタリを待つ。サビいてしまうと根掛かりしやすい。沖から潮が入り、濁っていた水色が回復する頃がねらいめ。潮が絡むマヅメ時がベストだ。ただ海が荒れると波が堤防を這い上がり非常に危険。堤防も崩れている所や滑りやすくなっている場所があるので、釣行の際は必ずスパイクブーツとライフジャケットを着用する（2015.7／鶴岡）。

ポイントAは少し波気があるだけで砂が舞い上がり濁りが入る。イシモチねらいにはおすすめのポイント

12

岩船漁港 いすみ市

メバル
堤防から尺ねらい

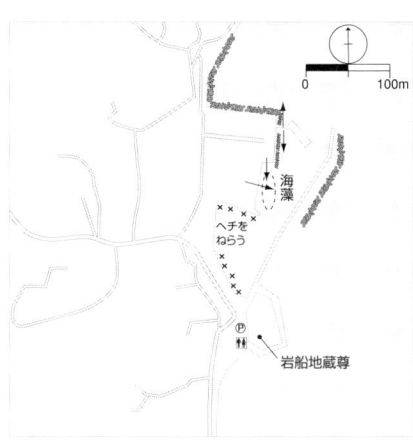

GUIDE
- 釣期　1月下旬～2月。
- 交通　圏央道・市原鶴舞ICを降りR297を勝浦方面へ。船子交差点を左折しR465を大原方面へ。大原交差点を右折しR128を勝浦方面へ進み、浪花駅入口を左折して岩舟漁港へ。
- 問合先　アタック5大原店（☎ 0470-64-0030）。

岩船漁港は岩礁帯に囲まれ、メバルのストック量が多い。外房周辺の漁港の中ではトップクラスだろう。数年前に埋め立て等の工事が一段落し、最近は更に魚が増えた気がする。港内の平均は10～15cmと小型だが、漁港の外側では20～25cmクラスがねらえる。尺オーバーの可能性もある。

港内の南側はどこでも堤防際にメバルが付いているが、特に実績が高いのは南側のスロープの左右の護岸。釣り方は1g程度のジグヘッドに2インチほどのストレート系のソフトルアーをセット。堤防から20cmほどの際をスローリトリーブで通す。タナは上から50cmくらいからチェックし、反応がなければ徐々に下げていく。

北側スロープの浅場には海藻が生え、その周辺にメバルが多い。スロープからキャストし海藻帯の上を引く。潮位が下がると海藻が露出するので、潮位の高い時間帯がねらいやすい。潮位の低い時間帯は堤防の上から海藻帯の切れめと平行に引く。

北側の堤防付け根には消波ブロックがあり、その周辺にメバルが付く。堤防の北側は足場が高く、内側の足場は低いがハシゴ

がないので昇降が大変。漁港の右側から伸びる堤防の外側は水深1～2mとあまりないが、尺クラスもねらえる穴場だ。

ルアーは2～3インチのストレート系かアピール力の高いシャッドテイル系も高実績。ジグヘッドは大型を考慮した軸の太いフックの物が無難。岩礁帯で海藻もあるため潮位の高い時間帯がねらいやすく、フロートリグなどの遠投できるリグが有利。

メバルは尺クラスに成長するまで13～17年かかるというデータもある。特に大型の乱獲は避けたい。なるべくリリースして、長く楽しみたい（2015.3／渡邉）。

一見何の変哲もない漁港だが良型メバルが潜んでいる

13

岩和田漁港　夷隅郡御宿町

アジ

繊細な釣りで楽しむデイアジング

GUIDE

- 釣期　12月下旬〜1月。
- 交通　九十九里有料道・一宮料金所から県道30、R128を進み、御宿駅入口交差点を左折し岩和田漁港へ。
- 問合先　アタック5大原店（☎ 0470-64-0030）

アジングの基本は夜釣りだが、近年はデイアジングの人気も高い。以前は難しいとされていた日中でもポイントや釣り方が開拓され、多くの釣り人が楽しんでいる。

この時期、房総半島では水温が適度に低くなる沿岸にアジが寄りやすい。釣れる平均サイズも大きい。岩和田漁港の周囲は、岩礁帯が多くアジのストック量が豊富。北側に山があるので北寄りの風に強い。

デイアジングのキモは、タックル選び、釣り方、ポイント。日中のアジは夜と違い活発にエサを追うことは少なく、タックル選びが重要だ。軽めのリグを使用して小さなアタリで掛けるといった繊細な釣りになる場合が多い。6〜7フィートの張りのある高感度なロッドに、リールは2000番クラスのハイギア。ラインはフロロかエステルの高感度なもので1.5〜2ポンド。フロロなら直結でOKだが、エステルは2〜3ポンドのリーダーを20㎝ほど結束する。ルアーは1g前後のジグヘッドリグが基本で、ワームは2インチ前後を使用する。

日中のアジは底にいることが多いので、キャストしたらボトム付近まで沈め、50㎝ほどシェイクしながらリフトし、その後にカーブフォールしてアタリに集中する。アクションは潮の流れで浮遊するプランクトンなどのベイトをイメージするとよい。

ポイント選びでは、ある程度の水深と潮の流れがあることが重要だ。日中は3m以深にアジが多く、流れがあるとベイトとなるプランクトンなどが流れてきやすいのでアジの活性が高い。日中でも特に期待できるのが朝夕のマヅメ。この時間帯は連続ヒットすることも多いので、時合になったら手返しよく釣っていくのが数を伸ばすコツだ（2015.2／渡邉）。

房総半島ではほぼ一年中アジをねらえる。中でも12月下旬から1月はおすすめの時期

吉尾港　勝浦市

マダイ

カタクチイワシの有無が釣果を分ける

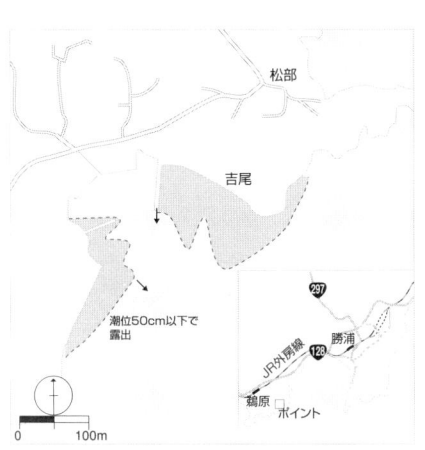

GUIDE
- 釣期　3月〜5月。
- 交通　圏央道・市原鶴舞ICを降りR297を勝浦方面へ進みR128を鴨川方面へ。松部漁港入口交差点を左折して吉尾港へ。
- 問合先　ソルトマン（☎0475-40-3900）。

外房でここ数年一気に開拓された釣りがショアからのマダイ。例年3月前半から釣果が聞かれ始め、5月いっぱいまでねらえる。マダイは普段は水深20〜200mの深場にいることがほとんど。水深が比較的浅い房総半島では、数年前まではショアからマダイをねらうのは非常に難しいとされてきた。

乗っ込み時期とカタクチイワシの接岸が重なると、岸近くまでマダイが入ってくることが分かった。今では春になるとマダイねらいのアングラーも多い。サイズも非常によく、アベレージは60〜70cmの3kgクラス。最大10kgオーバーまでねらえる。そして、群れに当たれば1キャスト1ヒットの夢のような状況になることもある。カタクチイワシがキーであり、いなければ釣れないと考えてよい。

吉尾港の規模は小さいが、外側は潮通しがよい。船道が沖に向かって伸びているのでイワシが沖から入りやすく留まりやすい。

ポイントは漁港の左側から沖に伸びる堤防の先端。ここから沖に向かってキャストする。

堤防先端は定員が2人ほど。潮位が50cm以下の日は、ウエーダーで船道の磯からねらうのも面白い。

タックルは10フィートクラスのシーバスロッドにリールは3000〜4000番のハイギアがおすすめ。ラインはPE1.2〜1.5号に30ポンド前後のリーダーを1.5mほど結ぶ。ルアーは30〜40gのメタルジグが高実績。なかでも細身のタイプより扁平なメタルジグがよい。ここで重要なのがフック。マダイのアゴの力は強靭で、やわなフックでは簡単に伸ばされる。そこで私の場合はメタルジグのテイルに環付き石鯛バリをスプリットリングで装着している。

カタクチイワシの群れが見える時は、その群れの先へキャストし、ルアーをボトム付近まで沈めてからゆっくりとただ巻き。もしくはリフト＆フォールでねらう。イワシの群れから弱ったイワシがフラフラと沈んでいくイメージだ。アタリはゴツゴツと連続的に出ることが多い。早アワセは禁物で、しっかりと重みが乗ってから強く合わせる。引きは強烈なのでドラグの調節は忘れないように（2014.5／渡邉）。

15

鵜原漁港 勝浦市

アジ

アジングでマヅメの短時間に集中

GUIDE
- 釣期　2月下旬～3月。
- 交通　圏央道・市原鶴舞ICを降りR297を勝浦方面、R128を鴨川方面へ。松部漁港の先を鵜原駅方面へ進み、勝浦海中公園方面へ。2つ目のトンネルを抜け鵜原館入口を右折し鵜原漁港へ。
- 問合先　サンデー（☎0470-73-9898）。

堤防からの手軽なターゲットの代表格、マアジ。時間帯を問わずねらえ、シンプルなノベザオのウキ釣りから遠投カゴ釣り、さらに沖釣りなど多彩な釣り方で老若男女が楽しめる。そのアジ釣りのなかで、近年特に人気なのがルアーフィッシングのアジング。今では中高年世代のアングラーにもこのアジングを楽しむ人たちがかなり増えている。

外房一帯では昨年の晩秋から好調が続き、連日好釣果が聞かれている。そのなかでも実績が高いのが勝浦市にある鵜原漁港。リアス式海岸に造られた小型の漁港で、隣にはトンネルを挟んで長入漁港がある。

最近房総でアジングが好調なのは3cmほどのトウゴロウイワシなどの稚魚が多く、それを追ってアジの群れが接岸しているからだ。そして、ベイトフィッシュが入りやすく留まりやすいのが鵜原漁港である。穏やかな入り江状の地形で、アジの群れが入っている時には1キャスト1ヒットの入れ食いになる。

重要なポイントは時間帯で、朝夕のマヅメがねらい時だ。朝マヅメはうっすら空が明るくなり始める頃から、日が昇って1時間ほどまで。夕マヅメは太陽が山に隠れ空がオレンジ色になる頃から、完全に真っ暗になるまでが最もアジの活性が高い。朝マヅメは港内からベイトが出ていく時間であり、夕マヅメはベイトが入って来る時間になる。それに合わせてアジの活性も上がるというわけだ。

群れが入れば港内のどこでも釣れるが、特に実績が高いのが突堤と船道。まだ活性の低い時間帯は、0.5～1gの軽めのジグヘッドでボトム付近を軽くアクションさせた後、漂わせるようにしてねらう。活性が高くなればライズが出たりするので、水面付近をただ巻きするだけでも簡単にヒットする。

この冬は珍しく10cmほどの豆アジも多いが、アベレージは20cm前後で最大は25～27cmがねらえる。小型のクーラーボックスでは入りきれないほど釣れる日もあり、ベテラン以外にもアジング未経験の方でも楽しめる可能性が高い。初心者の方は特に、ぜひこの好調時に釣行してほしい（2014・4／渡邉）。

16

守谷漁港 勝浦市

アオリイカ

藻際ぎりぎりをトレース

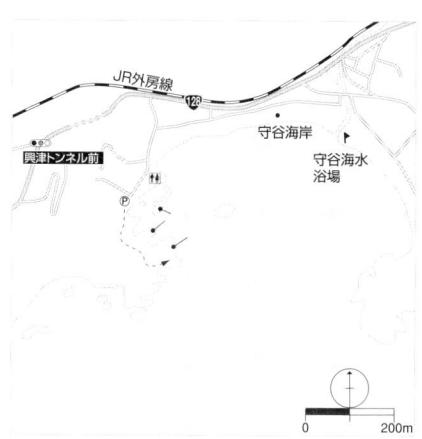

GUIDE
● 釣期　3月下旬～4月。
● 交通　圏央道・市原舞鶴ICを降りR297を勝浦方面へ。R128を鴨川方面へ進み、清海小学校前交差点を斜め左へ。荒熊バス停を左折し守谷漁港へ。
● 問合先　いわせ　☎ 0470-76-0434）

守谷漁港は穴場的存在の小規模な漁港。人も多くなく、のんびり釣りができる。港は湾内にあり外洋側には磯が張り出す。そのため波風の影響を受けにくくエギングがしやすい。このエリアでは、例年3月中旬から深場にいたアオリイカが浅場へと上がり始め、4月に入ると回遊のムラが少なくなり、本格的なシーズンインを迎える。

初期のアオリイカに重要なのが水深と海藻。春から初夏は産卵時期で、浅場の海藻に卵を産み付けにくる。そのため海藻帯は春のアオリイカねらいでは定石だが、シーズン序盤はまだ水温が低いので深場との行き来がしやすいポイントがベストだ。守谷漁港はその2つの条件を満たし、春のアオリイカねらいでは好ポイントといえる。メインとなるポイントは漁港の左側から伸びる堤防の先端。船道になっているので水深が3～4mあり、海底は海藻が多い。

釣り方は餌木をキャストしたら海底まで沈む秒数を憶え、着底の少し前からシャクリ始め、また海藻帯のすぐ上までフォールさせて海藻帯のすぐ上をねらう。春のアオリイカは海底の海藻帯からあまり離れないので、餌木を沈める秒数を調節して海藻帯ぎりぎりをねらうのが最も重要だ。フォールの速い餌木ではシャクリのペースが早くなってしまう。必ず沈みの遅いタイプの餌木も用意したい。堤防の正面にある平磯は潮位が下がると露出するので、ここからもねらえる。さらに奥には守谷洞窟を抜けると荒熊の磯があり、こちらもポイント。

浅場ではトげ5分から満潮までがベストタイミング。上げ5分から満潮までがベストタイミング。それ以外の時間帯はなるべく深場をねらってみるとヒットの可能性を上げることができる（2015・5／渡邉）。

守谷漁港はアオリイカにとって深場との行き来がしやすく、海藻もあるので春のよいポイントになっている

守谷海岸 勝浦市

アジ

夜の渚でアジねらい

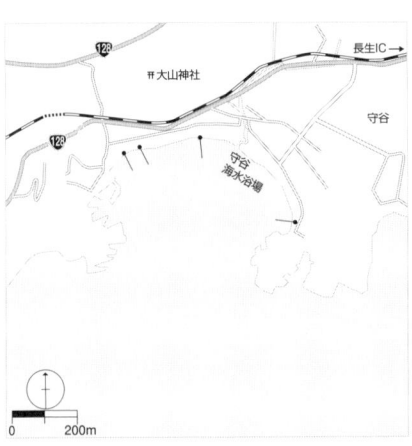

GUIDE
- 釣期　11月下旬～12月。
- 交通　九十九里有料道・一宮料金所から県道30、R128を経由して清海小学校を過ぎてすぐの清海小学校前交差点を左折(外房黒潮ライン)。さらに守谷海岸入口交差点を左折して守谷海岸へ。
- 問合先　いわせ(☎ 0470-76-0434)。

外房エリアの漁港では1年をとおしてアジがねらえる。それだけに釣り場の混雑は避けられない。「混雑する漁港は嫌、危険な磯も嫌、だけどアジは食べたい！」。そんな方におすすめしたいのが、砂浜から電気ウキを使用したウキフカセ釣り。サオは遠投力のある1.75号前後の磯ザオが扱いやすい。付けエサはオキアミまたはアオイソメ。寄せエサはアミエビを使用。集魚剤は不要だ。寄せエサの遠投力を高めたい場合は、足もとの砂を少量加えればOK。

ハリはチヌバリなら4号程度。細軸のハゲバリもバラシが少ない。細軸で先が尖っていれば特にこだわる必要はない。ポイントは波打ち際の手前から先の砂が少し掘れた部分。10～20m先が目安だ。

ウキ下は50cmから始めて遠投する場合は80cmほど。この釣りは水深が60cmあれば魚が食う。満潮からの下げ潮が必須条件で、大潮の干潮時にはまず食ってこない。周囲の磯場から回遊する他魚種が掛かることも想定して、ハリスは最低4号程度。エサを求めて浅場に来る魚は食い気があるので、細ハリスは必要ない。極端な例だが、過去にハリス8号、マダイバリ13号でもアジが問題なく釣れたことがある。

万が一に備えてライフジャケットは必ず装備すること。夜釣りのためヘッドライトも必須だ。濁りの強い条件ではアジが釣れないのでサオだしは控えたい。波の高い時は危険なので避けたい。逆にナギすぎて潮が全く動かない条件でもアジは釣れない。そういった状況ではフグの猛攻に遭うだろう。また、カゴ釣りでも同様にアジは釣れる。最後に、自分が出したゴミは持ち帰るなど、マナーを守って釣りを楽しんでほしい(2015.1／泰田)。

渚で釣れたアジ。釣行時間は満潮からの下げ潮が必須条件

18

興津東港 勝浦市

クロダイ

港内に潜む大型いぶし銀

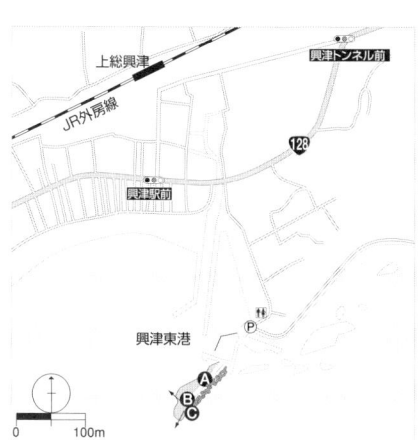

GUIDE
● 釣期　3月下旬〜4月。
● 交通　九十九里有料道・一宮料金所から県道30、R128を鴨川方面か、圏央道・市原鶴舞ICを降り勝浦・R128に進み清海小学校前交差点を左折し、興津トンネル前交差点を左折して興津東港へ。
● 問合先　餌しげ釣具店（☎ 0470-63-0766）。

興津東港は週末になるとファミリーフィッシングやアジ釣りファンで賑わいを見せる。今回紹介するのはクロダイ釣り。有望なポイントを3ヵ所紹介したい。

ポイントA　堤防中央部に位置し、外側は消波ブロック帯になっている。一番人気の場所だ。消波ブロックからも釣れそうだが、クロダイはあまり期待できない、どちらかといえばメジナやアジのポイント。クロダイねらいなら港内だ。港内の海底は砂地で水深は満潮時で5〜6m。手前から右の突堤にかけて八エ根が広がっている。ねらいは正面の砂地だ。寄せエサを1点に集中して撒き、ポイントを作る。オキアミには比重があり遠投性に優れた配合エサを混ぜて使用するとよい。

穏やかな内向きをねらうため、立ちウキを使って釣るとアタリも取りやすい。春から梅雨時までは大型がサオを絞るポイントなので、タックルは大ものに対応できるものを用意。

ポイントB　釣り座は消波ブロックの上。足場のよい消波ブロックを見つけよう。釣り座を決めたら、そこからあまり移動せ

ずじっくり魚をねらう。荷物は最小限にして足場に気を付けて釣りたい。基本的なねらい方はAと同じだが、消波ブロック帯なので外海の波の影響を受ける。軽い払い出しが発生することがあるので、安定性のある円錐ウキも用意しておきたい。

ポイントC　消波ブロック先端部で水深もあり、沖に根も点在する玄人むけのポイントだ。過去にも大型のクロダイが数多く釣られている穴場。ただし沖に面しているため、ナギの日以外は危険なので無理はしないこと。最深部で10m以上と外房の堤防でも珍しい場所だ。クロダイ以外にも良型メジナや足もとでイシガキダイなども釣れる。時期によっては青ものの回遊も見られる。ここは興津西港に向かって流れる潮を広範囲に流して、沖の沈み根周辺をねらう。もしくは消波ブロックの際を丁寧に探るとよいだろう。

興津海釣り公園も併設されており、トイレや駐車場（500円）なども整備されている。家族連れや女性を連れての釣りにも便利な場所だ（2014・5／鶴岡）。

興津東港 勝浦市

アジ

最高時速30尾超えの釣果も

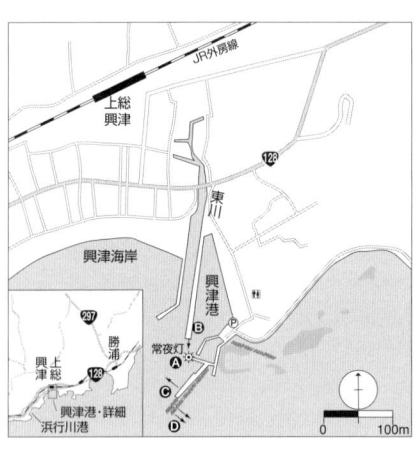

GUIDE
● 釣期　12月下旬〜1月。
● 交通　九十九里有料道・一宮料金所から県道30、R128を鴨川方面か、圏央道・市原鶴舞ICを降り勝浦・R128に進み清海小学校前交差点を左折し、興津トンネル前交差点を左折して興津東港へ。
● 問合先　餌しげ釣具店（☎ 0470・63・0766）。

外房エリアの中でおすすめのアジングフィールドが興津東港。魚影が多く安定した釣果が望める。駐車場や簡易トイレもあり、釣り場には常夜灯、消波ブロック、岩礁帯などポイントも多彩だ。

興津湾の北東にあるこの港は年間を通して外洋に面している外房エリアながら普段はとても穏やか。ライトタックルを扱うアジングでも釣りやすい。3g以下のジグヘッドリグをリトリーブ主体でアタリを乗せるような釣り方では、軟らかなロッドにナイロンライン。2g以下のジグヘッド単体や軽めのキャロライナリグでアタリを拾って掛けていくような釣り方では、高感度ロッドにフロロカーボンラインを組み合わせるとよい。フロートリグやキャロライナリグなど、比較的重いリグを遠投する場合はパワーと感度のあるロッドにPEラインが適している。

ポイントA　先端は一番の人気ポイント。船道は水深4mほどで砂地に海藻が点在。正面から左側は1.5〜3mで岩礁帯になっている。まずはリトリーブの釣りで表層を広範囲にねらう。反応が悪ければ徐々にタナを下げ、よりスローな掛けの釣りにシフトしていく。

ポイントB　河川沿いに伸びる突堤で先端に常夜灯はない。北風が強い時は追い風になるため、有利なことも。

ポイントC　足もとには海藻帯がある。カゴ釣りでも人気の場所だ。寄せエサにアジが集まるとマヅメの明るい時間帯でも釣れる。釣り方は寄せエサが漂うように、軽めのジグヘッドや沈下の遅いキャロなどで漂わせるとよい。

ポイントD　外側や堤防の先端で消波ブロックからの釣りになる。常夜灯がないのでマヅメの時間帯が最も期待できる。釣り方は足もとの消波ブロック際を軽めのジグヘッドで漂うようにねらう。もしくはキャロライナリグなどを遠投して中層からボトムまでをスローリトリーブか漂わせるようにしてねらう。

房総のアジは一時釣況が芳しくなかったが、現在は回復。好釣時には、1〜2時間で30尾以上の釣果も見込める。アジング未経験の方もチャレンジしてみてはいかが？

（2014.2／渡邉）。

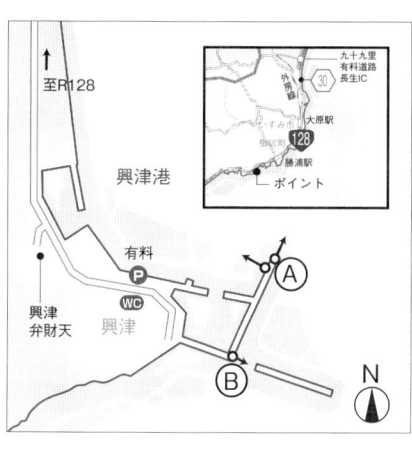

興津西港 勝浦市

メジナ

濁り時は40cmオーバーのチャンスも

GUIDE
- 釣期　12月下旬～1月。
- 交通　九十九里有料道・一宮料金所から県道30、R128を道なりに進み、勝浦市街を過ぎて清海小学校前交差点を左折、歩道橋を過ぎて左折で突き当たりが興津港。
- 問合先　餌しげ釣具店（☎0470-63-0766）。

興津西港は、外側に伸びる堤防と市場の右から延びる消波ブロック堤防、市場周辺の岸壁の3ヵ所がメインだが、今回は潮通しのよい外堤防を紹介する。港の沖側で、湾の中心にあり駐車スペースからは距離があるが人気の場所だ。

図Aは堤防先端部で足場がよく、潮通しもよい。水深は満潮時6m前後で正面には沈み根がある。釣り方は、初心者からベテランまで楽しめる。ハリスを1.5号を1ヒロ半～2ヒロ程度に、円錐ウキ0～2B程度で、足もとに寄せエサを入れながら正面の根周りや堤防周辺をじっくりねらう。配合は軽めのもので、寄せエサと仕掛けがともにゆっくりと落ちるようにする。平均30cm前後だが、シケ後の濁りが入った時は40cmオーバーも出る。水温が低下しフグが増える冬期はノリエサを使うとよい。

図Bは海がシケ気味の北風または北西の日がおすすめ。ベテラン向きだが実績も高く、大型が釣れるマル秘ポイント。ここは沖の離れ堤防との水道部分で、流れは右側の岩盤から溝伝いに堤防先端に向かう。水深は1.5～2.5mと非常に浅く、流れも速く根がきつい。サオは磯ザオの1.5号程度、ハリスは2～2.5号。ウキは円錐ウキの2～5B。ハリスにガン玉を段打ちして張りながら足もとから流す。潮が速いぶん、重めの配合にしたオキアミ6kgを混ぜた寄せエサを足もとから撒く。

ウキ下は1.5ヒロくらいから始めて潮の速さや潮位に合わせて調整し、溝の中を丁寧にねらう。満潮前後は潮の流れが緩くなり、最人の時合になるので集中すること。またシケの下げ潮時は流れが速すぎて釣りにならない。そのような日は堤防先端のほうがおすすめ（2015・2／鶴岡）。

興津港周辺には海釣り公園や海水浴場もある

興津西港 勝浦市

ショゴ

ライトタックルでねらう好敵手

GUIDE

● 釣期　8月下旬〜9月。
● 交通　九十九里有料道・一宮料金所から県道30、R128を道なりに進み、勝浦市街を過ぎて清海小学校前交差点を左折、歩道橋を過ぎて左折で突き当りが興津港。
● 問合先　アタック5鴨川店（☎ 0470-99-2077）。

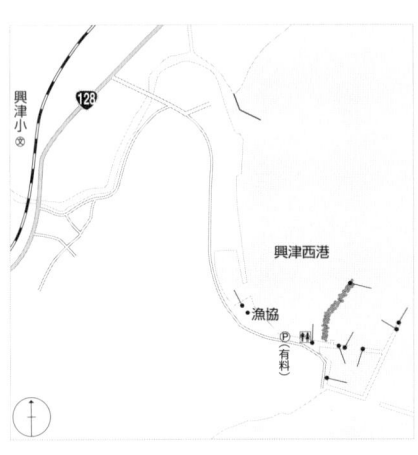

興津西港の周囲には岩礁帯、海藻帯が豊富で魚が多い。ショゴ（カンパチの幼魚）は6月頃から漁港内に入り始め、10月いっぱいまでねらえる。シーズン序盤は20cmクラスの小型が多いが、ひと潮ごとに成長し、9月に入ると30cmほどがアベレージとなる。9月後半から10月にかけては数こそ少なくなるが35〜40cmもねらえる。

8月後半から9月にかけては30cmクラスの数釣りができるので、ショゴねらいの一番面白い時期といえる。ショゴは回遊魚でありながら漁港内の奥まった場所に居着いたり、流れ藻、停泊船、ブイなどのストラクチャーに付く性質を持つ。

駐車場の奥側の港内はショゴが居着きやすく、2本の突堤や護岸からねらえる。東側の堤防と消波ブロック帯の間も、外側から入ってきたショゴがまず留まるエリアだ。突堤や外側の堤防、消波ブロック帯に乗ってねらえる。外側の堤防の先端からは正面に向かってキャストすれば、居着きは少ないがフレッシュなショゴが回遊するので、群れが来れば連発することもある。駐車場前の護岸も消波ブロック帯の左側

を回遊する群れがねらえる。漁協の左側の小さな港内は停泊船やブイがあるので、ショゴが居着きやすい。ねらう際はロープなどに引っ掛けないよう細心の注意を払おう。また、魚市場の周辺は、作業中は釣り不可なので注意したい。

おすすめのタックルはメバルロッドのMLクラスにリールは2000番クラスのハイギアタイプ。ラインはPE0.4号前後にリーダーはフロロカーボンの6〜8ポンド。港内に入ったショゴは多少スレている場合がある。ラパラの「ジギングラップ」やダイワの「DS-35」のジグヘッドリグなどダート系のルアーが有利。ボトムからダートさせながら徐々に誘い上げてねらう。

堤防の先端で回遊をねらう場合、7〜10gのメタルジグを遠投して中層からボトムまで沈め、トゥイッチングに突っ込む巻きで誘う。ヒット後は障害物に突っ込む性質があるので、ライトタックルならより強めに設定して障害物に走られないように、時には強引にやり取りをするのがコツだ。

（2014・10／渡邉）。

22

浜行川漁港 勝浦市

カイズ

全体に水深が浅く濁りが入ると好機

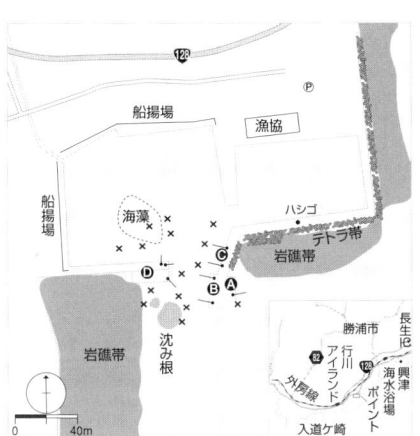

GUIDE
- 釣期 10月下旬～11月。
- 交通 圏央道・市原鶴舞ICを降りR297を勝浦方面へ。松野交差点を右折し興津市街への標識で左折。山道を下り外房線の踏切が見えたら先のT字路を右折。トンネルを2つくぐれば左手に漁港。駐車場は有料（400円）。
- 問合先 餌しげ釣具店（☎ 0470-63-0766）。

いよいよ磯や堤防周辺で上もの、青ものと釣りには最高の季節の到来。底もの、そんな時期に一段と釣果が望める釣り場の1つが浜行川漁港だ。この港は小高い山に囲まれた小さな港で、浅い岩礁帯に囲まれ、港内や船道には砂地、港内には海藻も生え、アオリイカなどの産卵場になっている。また、南風、西風に強く、外房には貴重な釣り場でもある。

沖を見て左から延びる長い堤防が赤灯堤防で、メインの釣り場。カイズねらいの場合、港内が主なポイント。先端部分以外の外向きは消波ブロックがあり、浅い岩礁帯が続く。遠投の必要があるため、ウキフカセ釣りには向かない。

ポイントAは人気の場所で特にアジねらいの釣り人が多い。沖向きはカイズというよりはメジナのポイント。左側前方は浅いハエ根があり、その周辺をねらうとメジナに混じりカイズが釣れる。過去には大型クロダイやメジナの良型が釣れたこともあるので、タックルはワンランク上のものを使うとよい。

ポイントB、Cの釣り場は船道向きで、

水深は5m前後。海底に海藻やツブ根があり、ほぼフラットで釣りやすくウキフカセやダンゴ釣りでねらえる。ウキフカセの場合、小メジナやボラ、小アジなどエサ取りが多いのでコマセワークを駆使して本命ねらいたい。付けエサは生のオキアミ、ボイルオキアミ、練りエサ、コーンなどいろいろ揃えておくのも本命への近道。ここは朝夕、船の出入りが多いのでトラブルにならないよう注意してほしい。

ポイントDは港内に右から延びた小さな堤防で、アジがノベザオでねらえる。ここはカイズ釣りも人気で、船道から港内をねらうと数釣りができる。また、足もとの堤防際では思いがけない釣果に恵まれることもある。水深は5m前後、港内に行くほど浅くなる。港内は、海藻の間を流すようにするとよい。

浜行川漁港は全体的に水深が浅いため、海がシケて濁りが入った時がチャンスとなる。ただし、外海に面し、大きなウネリが堤防をさらう（こともあるので充分安全を確認し、装備も万全にして釣りを楽しんでほしい（2014・12／鶴岡）。

浜行川漁港 勝浦市

アジほか

カゴ釣りとノベザオで遠近使い分け

GUIDE
- 釣期 12月下旬～1月。
- 交通 圏央道・市原鶴舞ICを降りR297を勝浦方面へ。松野交差点を右折し興津市街への標識で左折。山道を下り外房線の踏切が見えたら先のT字路を右折。トンネルを2つくぐれば左手に漁港。駐車場は有料(400円)。
- 問合先 餌しげ釣具店（☎ 0470-63-0766）。

浜行川漁港は、これからの時期に吹く北風にも強い釣り場だ。また、少々奥まった漁港なのでシケにも強い。よほど荒れない限りサオをだせるのも強みだ。メインターゲットはアジ、カイズ、メジナなど。時期やタイミングが合えばシマアジやマダイ、イサキなどの釣果も聞かれる。

ポイントは大きく分けて堤防先端周辺と、外側一帯に入っているテトラ帯。タックルは遠投磯ザオ3号にナイロンライン4号を150mほど巻けるスピニングリール。ウキ6～8号にカゴは4～6号。付けエサはオキアミMサイズ、アオイソメやバイオベイトを用意して当たりエサを探っていく。

寄せエサが効き始めるとフグも多くなるので、付けエサは多めに持っていったほうがよいだろう。ハリはがまかつ「玄人アジ」8～9号。ハリスは1.5～2号を用意すればOK。バケの枝スを1～2本出し、全長1～1.5mの2～3本バリ仕掛けが扱いやすい。仕掛け全長が長すぎると取り回しが悪くなる。自分の扱いやすい長さにしよう。

先端では群れが回って来た時は、5mほどのノベザオを使ってトリック仕掛けでねらうのも面白い。カゴ釣りの場合、投入距離はおおむね40～60mを基本にし、左右に潮が流れるのでそれに乗せて流すとよい。タナは3mを基準に状況に応じて上下に探る。なお、テトラ帯では潮位が約60cmを切ると先の根が露出してくる。潮位が高い時間帯にねらいたい。

アジが食う時間帯は日によってはっきりしている。特に夜中は顕著だ。食いが渋い時はひと休みして朝マヅメに備えたほうがよいだろう。食いが立ってきたらカゴ釣りから投げサビキに切り替えても面白い。先日、私がサオをだした時は投入毎に2尾、3尾と多点掛けをし、型も25cmクラスの良型が多数混じった。

ちなみに朝夕のマヅメ時、掛かったアジにヒラメやスズキが食い付くことも多々ある。泳がせ兼用の太ハリスサビキを使ってもよい。大ものが掛かった時は、無理はしないで時間を掛けて取り込むこと。また漁業関係者とトラブルのないように釣りを楽しみたい（2014・2／飯泉）。

大沢弁天 勝浦市

メジナ、クロダイ

入門者でも比較的手軽に釣り場に入れる

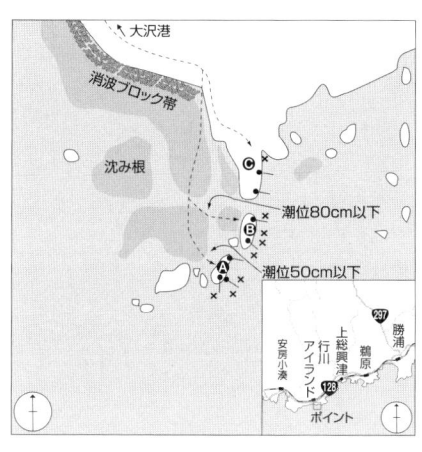

GUIDE

● 釣期　10月下旬〜11月。
● 交通　九十九里道路・一宮料金所から県道30、R128で小湊方面へ。勝浦市街を過ぎ境川トンネル手前を左折してすぐのV字路を下りると大沢港。その先が大沢弁天。
● 問合先　餌しげ釣具店（☎0470-63-0766）。

勝浦市の最南部・大沢地区は、断崖絶壁の海岸線が鴨川市の小湊まで続く風光明媚な地域だ。このエリアで一番の大場所が大沢弁天。満潮時にはほとんどが海に没するが、ナギであれば潮位に関係なく入れる。駐車スペースから大沢港の脇を通り、崖下を15分ほど歩いて到着。房総特有の溝を渡ったり、岩を飛び越えたり、また水に浸かったりすることなく手軽に入れる。

とはいえ装備は万全で臨みたい。スパイクブーツやシューズでもポイントCまでは充分行けるが、AやBに行くにはウエーダーを使用したほうがよい。また荷物は背負子を使用し、コンパクトにまとめて釣り場に向かいたい。チャランボも忘れずに。

釣り場は全般に平坦で足場はよい。ただしAに渡れる条件は潮位が50cm以下の時。Bは80cm以下で渡ることができる。また冬場はノリが生えて滑りやすく、フェルトスパイクのソールを使用したほうが安全だ。Aはイシダイファンがよく入っており、型ものも数多く釣れている。メジナに関していえば、雰囲気はよいが大型は少なく、小型が主体になる。しかし磯際を丹念に探る

と良型も顔を出すので粘る価値はある。BはAの島との間の溝にできるサラシをねらうか、A同様磯際がねらいめ。こちらも小メジナが主体でエサ取り対策が必要。A、Bともに水深は5〜6mで釣りやすい。

Cは、ナギの日なら潮位に関係なく入れる。メジナ、クロダイの本命人気ポイントだ。崖下まで切れ込んだワンドの中を寄せで仕掛けでねらう。特にワンドの出口付近の仕掛けを止め気味にすると、良型が食ってくる。タナは1.5〜2.5mが基本。ここは水深が浅いので満潮前後がねらいめ。ナギの日よりもややシケ気味のほうが、大型の魚がワンド内に入ってくる確率が高い。

大沢港周辺は小メジナやフグのエサ取りが多い。オキアミでは歯が立たないことがあるので、練りエサやボイルオキアミなどを用意したほうが無難だ。また冬場は磯に生えたノリを使うと効果的。

大沢港には駐車スペースがなく旧R128の路肩に停める。地元の迷惑や通行の妨げにならないように充分注意してほしい。車上荒らしも起きているので貴重品は車に置かないこと（2013・12／鶴岡）。

実入の磯　鴨川市

アオリイカ

乗っ込み期は藻場をタイトにねらえ

GUIDE
- 釣期　4月下旬～5月。
- 交通　圏央道・市原舞鶴ICからR297を勝浦方面へ。R128を鴨川方面へ進み、小湊の内浦湾を過ぎたトンネルの先に実入の磯がある。
- 問合先　いわせ（☎ 0470-76-0434）。

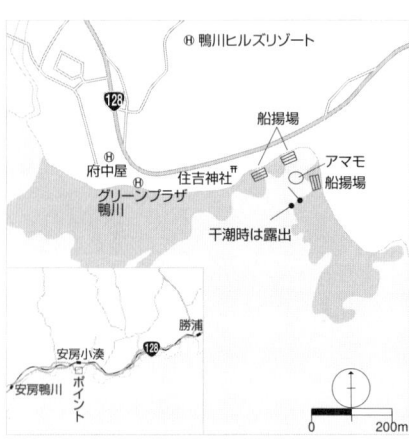

春から初夏にかけてアオリイカは産卵のため浅場へと上がってくる。関東周辺では4月末から5月いっぱいが最もよい時期で、穏やかなエリアの海藻帯に卵を産みつけるのでそこが主なポイントとなる。

実入港周辺に広がる実入の磯は、満潮時は海面下となる低い磯だ。干潮になると入り江状のポイントが姿を現わす。海底には海藻があり、よいポイントになっている。平均1kg前後で、最大で2kgオーバーもねらえる。タックルは8～9フィートのエギングロッドでM～MHがベスト。餌木は3～4号が基本。水深は最深部でも5～6mなので、餌木はノーマルタイプと沈みの遅いシャロータイプをメインに揃える。横風対策として沈みの速いディープタイプを1～2つ用意するとよい。

ラインはPE0.6～0.8号、リーダーはフロロ2～3号を1～1.5m結ぶ。釣り方は、キャスト後、餌木が海藻帯まで沈む秒数を覚え、次回からは海藻に触れる直前でシャクり、ふたたび海藻帯のスレスレまで沈めてなるべくタイトにねらう。アタリはフォール中に出るので、シャクった後のフォールは意識を集中する。ラインを引っ張るような明確なアタリ以外にも、違和感があればしっかりと合わせる。アワセが充分でないと大型は餌木を横抱きにしたまま寄ってくることがある。この場合はカンナに掛かっていないのでバレてしまう。

実入の磯は、満潮時には海面下となるので、ねらうタイミングは干潮前後の潮位の低い時間帯。さらに、上げ潮だと沖から新しい群れが入ってくるので期待できる。足もとの装備は干潮時ではスパイクシューズでもOKだが、潮位が上がってきた時のことを考えてウェーダーのほうが無難だろう（2015.6／渡邉）。

海底には海藻が生えていてアオリイカの産卵場になっている

26

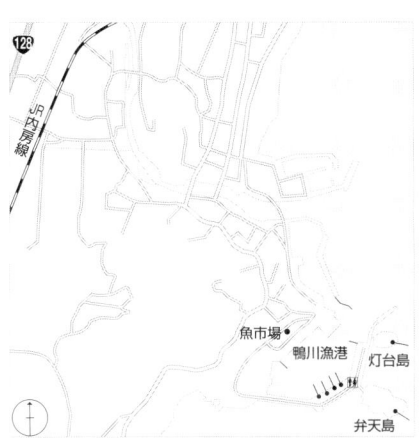

鴨川漁港 鴨川市

カンパチ

陰のポイントをダートでねらう

GUIDE
- 釣期　9月下旬～10月。
- 交通　富津館山道・鋸南保田ICを降り県道34（長狭街道）を鴨川方面へ進み、R128との交差点を直進し県道247で鴨川港へ。
- 問合先　アタック5鴨川店（☎ 0470-99-2077）。

鴨川漁港は、東条海岸の西側を流れる加茂川沿いにある外房の中では大型の漁港。鴨川エリアは黒潮の影響を受けやすく、潮通しがよいため回遊魚も豊富。その中でも今の時期に面白いのがカンパチ。外房では6月頃から20cm前後のショゴが各漁港に入ってくるが、時期を追うごとに徐々に大きくなり、9月後半ではアベレージは30cm以上になる。

さらに、漁港内の堤防や隣接する灯台島や弁天島からは40cmアップがねらえる。カンパチはショゴクラスの小型でも強い引きをみせるが、40cm以上ともなるとさらに強烈。ひとたびヒットすれば障害物に突っ込んでいきラインを切ろうとするので、釣り人には非常に手強いターゲットだ。

カンパチは停泊船や流れ藻などの障害物の陰に付きやすい。港内をねらう場合はそのような場所がポイントだ。特に実績が高いのが弁天島側に停泊している船の周辺。好条件は澄み潮と晴天。澄み潮と晴天だと釣りづらいことが多いが、晴天であればより影が強くなるのでカンパチも集まりやすい。逆に潮がやや濁っている場合や曇天時はジグを使ってボトム付近を探るとよい（2014・11／渡邉）。

港内をねらう場合のタックルは8フィート前後のシーバスタックル。ルアーはダート系のルアーがよく、中でもダイワのシーバスジグヘッド「SS7g」と「DS-35」の組み合わせが個人的には一番好きだ。船の日陰部分にキャストして、ボトム付近まで沈めてからロッドをシャクってダートさせながら徐々に誘い上げていく。ヒット後は船やロープなどにラインを擦られないように強引にやり取りすること。また、船やロープにはルアーを絶対に引っかけないように。

漁港の外側にある灯台島と弁天島にも橋が架かっているので簡単に渡れる。フローティングベストやスパイクシューズは不可欠だが、こちらでも40cmクラスのカンパチがねらえる。タックルは、10～12フィートのシーバスタックルに、ルアーは12～14cmのペンシルベイトや30～60gのメタルジグがおすすめだ。朝マヅメはトップ、日中

小正月漁港 鴨川市

アジ

小規模港だがポテンシャルは大

GUIDE
● 釣期　2月下旬～3月。
● 交通　富津館山道・鋸南富山ICから県道184、R410、県道89を経由して鴨川方面へ。県道272を江見方面へ進みR128を鴨川方面で小正月漁港へ。
● 問合先　アタック5鴨川店（☎ 0470-99-2077）。

小正月漁港は鴨川市の南側で、この辺りは外房と南房の境目。黒潮の影響を受けやすく、冬場でも水温が12～14℃で年間を通してアジがねらえる。20cmクラスも多いが、尺の実績もある。小正月漁港は小規模の釣場だが、ねらえるアジは大型だ。

アジングは釣趣だけではなく、アジの料理も多彩。毎日食卓に上っても飽きない食味のよさも忘れてはならない。

漁港の周囲は比較的浅い岩礁帯で、船道の水深は3～4m。沖に伸びる堤防の先端付近が最も実績が高いポイントだ。足場のよい護岸と外側に設置されている消波ブロックが釣り座になる。有望な時間帯は常夜灯が点る夜。その中でも上げ5分から満潮までの上げ潮で潮位の高い時間帯がベスト。また、朝、夕のマヅメ時も小型のベイトフィッシュが浅場と深場を行き来するので、時合となることも多い。

ここでメインとなるリグは1g前後のジグヘッド単体。タックルは6～7フィートのアジングロッドに、ラインはフロロカーボンかエステルの1.5ポンド前後。フロロボンは直結でもOKだが、エステルは結束強度が落ちるので、3ポンドほどのリーダーを10～20cm結べば強度は落ちにくい。基本的なねらい方はキャストしながら水深の半分ほどまで沈め、シェイクしながら50cmほど誘い上げてカーブフォールさせる。フォール中に出るアタリを拾っていく。アタリがなければタナを徐々に下げ、ボトム付近まで探る。水面でライズしていたり活性が低い時は、ジグヘッドを軽量の0.3～0.5gに交換する。ライズしている場合は水面直下を漂わせるように巻き、活性が低い時はボトム付近で漂うようにサビくのがキモだ（2015・4／渡邉）。

尺クラスも充分にねらえる

太夫崎港 鴨川市

アジ

肉厚の黄金アジを夜釣りで

GUIDE
- 釣期　6月下旬〜7月。
- 交通　富津館山道・鋸南富山ICを降り県道89、272で江見方面へ。R128に入り道の駅鴨川オーシャンパークの先を左折して釣り場へ。
- 問合先　つり太郎（☎ 0470-96-0128）。

小湊エリアの漁港ほどは数が出ないものの、釣れるアジはひと回り型がよい。また白浜エリアの磯場よりは型が小さいものの数が見込める。そんな、立地条件的にも中間的な位置にある鴨川・太海エリアのアジ。レギュラーサイズは21〜24cmだ。

特筆すべきは釣れるアジとその肉付き。黄金アジと呼ばれるタイプで、体高があり肉厚な個体の割合が多い。数や型よりも美味しい魚が釣りたい人におすすめだ。

ポイントは沖に抜ける船道と、その手前の開けたワンド状になった所。周囲には磯場が広がっており魚は多い。テトラの先まで無理に仕掛けを流す必要はない。沖に払い出す潮に寄せエサを乗せて、魚を寄せられれば足もとでも釣れる。

釣り方は電気ウキを使用したフカセ釣り。1.5号前後の磯ザオが扱いやすい。ハリスはアジ釣りの場合、比較的細いものが好まれるが、魚の食いが立てばハリス6号でも充分に食ってくるのでナーバスになる必要はない。

付けエサはオキアミ。虫エサに食いが立つこともあるのでアオイソメも持っていたい（2ひ48／泰田）。

ほうがよい。寄せエサはアミエビを使用。タナは1.5mから始めてアタリがなければ深くする。底まで探ってアタリがなければ、ウキ下50cmくらいまで徐々にタナを上げてみる。アジは数分単位の短い周期でタナが大きく変動する場合があり、少なくとも最初の1尾を釣るまではこまめにタナを変えたい。潮回りは、満潮からの下げ潮がよい。潮変わりの前後はマヅメを絡めると食いが渋いことが多い。微かなアタリも取れるように立ちウキを使用し、浮力は渋々に設定するとよい。

ライフジャケットは必ず着用すること。夜釣りになるため、ヘッドライトも必須だ。消波ブロックは危険なので乗らないようにしよう。また荒天の日はサオをだすのは控えたい。

この釣り場では、釣り人同士が暗黙の了解でストレスのない間隔をとるのが一般的である。地元の釣り人や常連さんと協調性をもって釣りを楽しんでいただきたい。親しくなれば、地元の釣り人しか知り得ないホットな情報も教えてもらえるかもしれない。

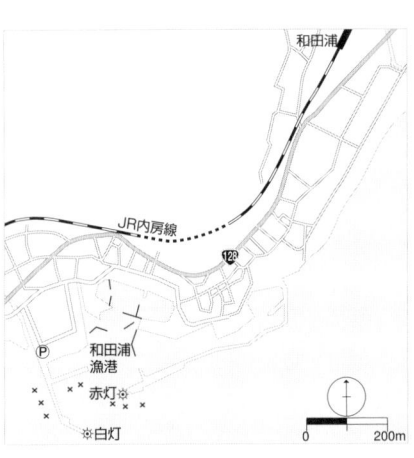

和田浦漁港 南房総市

サヨリ

早春の風物詩は釣ってよし、食べてよし

GUIDE
- 釣期　2月下旬〜3月。
- 交通　富津館山道・富浦ICを降りて左折。那古交差点を左折し県道296を直進で和田浦港へ。
- 問合先　アタック5鴨川店（☎ 0470-99-2077）。

和田浦漁港は季節を通して多彩な魚に出会える釣り場だが、さすがにこの時期は釣りものが限られてしまう。今回は冬から早春の風物詩ともいえるサヨリ釣りを紹介したい。サヨリは見た目の美しさと独特の引き味、食べては濃い旨みの白身と相まって人気のターゲットである。

ポイントは大きく分けて白灯堤防と赤灯堤防先端になる。白灯堤防は外側一帯と港内側、赤灯堤防は先端部まではかなり歩くが、潮通しもよく魚が寄りやすい。なお、白灯堤防の外側はテトラ上からの釣りとなるので無理は禁物だ。安全に配慮して楽しんでほしい。

ねらい方はいくつかあるが、シンプルなウキ釣りを紹介したい。タックルは5.3mの磯ザオ1号にリールはナイロンライン2〜2.25号が100〜150m巻けるスピニングリール。ハリスは0.6〜1号とし、ハリは袖バリ5〜7号をサヨリのサイズによって使い分ける。釣れるサイズは20〜40㎝とバラツキがあるが、このタックルで問題ない。

仕掛けは一般的なシモリウキ仕掛けでも、円錐ウキの先にアタリウキを付けるタイプでもよい。釣り座が少し高く、場合によっては仕掛けを少々遠めに入れる必要がある。あまり小さく軽いウキを使うと風の強い時は苦労する。

イワシミンチを海水に溶き、足もとから寄せエサを撒く。タナは海面下1mまで。波気がある時は50㎝前後まで探ってみる。潮流があれば素直に流せばよい。潮目などの変化がある場所はサヨリが付きやすいので集中してねらう。

付けエサはアミエビ、ジャリメ、ハンペンなど。エサはハリに沿って真っすぐ刺し、丸くならないようにする。タラシは1㎝までとし、食いが渋い時はタラシを短くするとよい。

アタリがあったらゆっくりと、かつしっかりとサオに乗せるように合わせる。勢いよくサオを立てるとスッポ抜けやハリ外れの原因になる。サヨリの口は硬いので、ハリ外れを防ぐために魚の回収時はラインを緩めないように。また、内臓が痛みやすい魚なので、釣ったサヨリはしっかり冷やして持ち帰りたい（2014.4／飯泉）。

30

千倉港赤灯台 南房総市

クロダイ

乗っ込み
セカンドステージは外房へ

GUIDE
- 釣期　4月下旬～5月初旬。
- 交通　富津館山道・富浦ICを降り、R127を館山方面へ。南総文化ホール前交差点を直進してR410へ。下真倉南交差点を左折し県道86を南下、長尾橋脇交差点を左折して千倉港へ。
- 問合先　釣具屋あどう（☎ 0470-44-4980）。

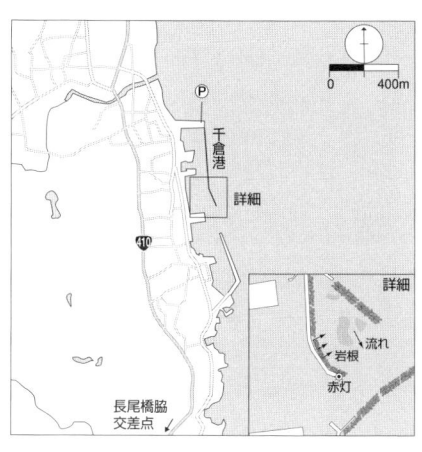

内房クロダイの乗っ込みシーズンインは外房より早い。1～4月の間が一番ねらいめ。一方、太平洋側の外房は、クロダイが大規模な群れで回遊することは少ない。腹パンのクロダイの数釣りはあまり期待できず、単発で終わることが多い。内房より遅く、2～5月初旬までが乗っ込みクロダイがねらえるシーズンだ。

今回紹介する釣り場はひと足早くシーズンインした内房で不完全燃焼に終わってしまった人におすすめ。千倉港の北側から、船道に延びる堤防の先端付近のテトラ帯が釣り場。堤防先端近くに赤灯台があり、その外海側のテトラに乗ってクロダイをねらう。沖には離れ堤防が延び、ワンドのような地形を形成。波や流れも比較的穏やかでクロダイが居着きやすい。また、低い岩根が点在し、寄せエサを海底に溜めるのも楽だ。回遊するクロダイも足を止めて寄せエサを捕食しやすい。

満潮時の水深は約5m。流れがある時は、付けエサを這わせると岩根や海草に根掛かりしやすい。流れが緩い時は仕掛けを這わせてねらい、流れが速くなったら、根掛か

りしないタナまでタナを切って釣りをするとよい。寄せエサを足もとのテトラ際や、サオ2本から3本先の岩根周りに溜めるように打ち、潮上から仕掛けを流して寄せエサと同調させて潮に乗るのがコツだ。

潮の流れは左から右へ流れることが多い。横に流れる時はテトラ際をねらう。足もとから沖へ潮が払い出す時は、沖の岩根周りをねらったほうが釣果は高い。

私の仕掛けはミチイトがサンライン『磯スペシャルテクニシャン』2号。ハリスはサンライン『トルネードVハード』1.5号。ハリはオーナー『カットチヌ』0.5号。ウキは自立タイプの立ちウキ4Bを使用。1日分の寄せエサはマルキユー『チヌパワースペシャルMP』、『チヌパワー日本海』、『チヌパワーDASH』にオキアミ3kg。付けエサはオキアミを使うが、フグや小メジナといったエサ取りが多い時は練りエサも使用する。

潮が速い時はサヨリが回遊したり、タマヅメにはアジも回遊するのでそれぞれ仕掛けを用意しておくと面白い（2014・6／鈴木）。

31

一本橋 南房総市

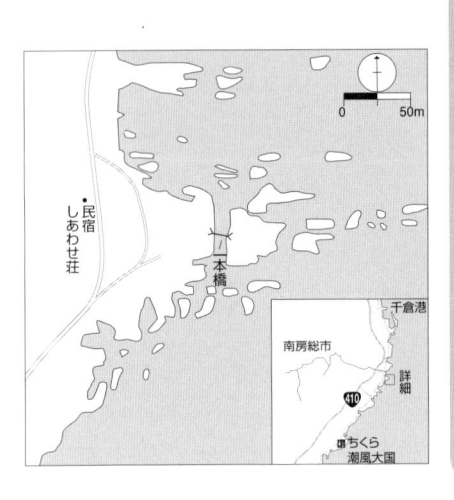

サヨリ

複雑な地形の変化でベタナギ時にも強い

GUIDE

● 釣期　1月下旬～2月。
● 交通　富津館山道・富浦ICを降りてR127、410を南下。下真倉南交差点を左折し、県道86に入り突き当たりの長尾橋脇交差点を右折してすぐ左折、R410を千倉方面へ進み釣り場へ。
● 問合先　釣具屋あどう（☎ 0470-44-4980）。

南房総周辺の釣り場は遠浅の岩場が多い。そのため干潮時には水深が極端に浅くなり、釣りづらくなってしまう。さらにこの時期は潮が澄んでいることが多く、海底まで見えてしまうこともある。そこまで澄んでしまうと魚の食い気も落ちる。さらにベタナギが重なると釣果を上げることが難しくなってくる。

南房総市千倉町にある一本橋という釣り場は、ベタナギでも複雑な地形の変化によって、潮が沖まで払い出している。むしろベタナギのほうがサヨリ釣りには適しているといえる。カゴ仕掛けで、遠投すると釣りづらい。ウキフカセタックルでよいだろう。

仕掛けは飛ばしウキとアタリウキをセットしたもの。ハリはマスバリ、袖バリ、キスバリなどを使うが、私が愛用しているのはオーナー「マス競技用」5号。ハリスはフロロカーボンかナイロンラインの0.8号。ナイロンのほうが食い込みはよいが、サヨリの歯で劣化しやすいのが難点。いずれの場合でも、ハリスはこまめにチェックし、噛まれて白くなってきたら結び直すの

がキモだ。

寄せエサはイワシミンチかメジナ用の配合エサ。2つを混ぜて使うとより効果的だ。混ぜる場合はイワシミンチ4、配合エサ1くらいの割合にする。付けエサは大粒アミがメイン。

足もとに寄せエサを撒きながら、寄せエサの流れる潮筋をねらうとよい。ベタナギの時、サヨリはサラシなどで寄せエサがかくはんされて溜まる場所でエサを捕食している。そのため、岩根や沈み根周辺がポイントになる。カゴ仕掛けで沖に寄せエサを撒くより、足元に寄せエサを撒いたほうが効果的。マヅメ時には足もとの寄せエサにサヨリが群れる。かなりの数釣りが期待できるだろう。

最干潮時、左側の岩が露出し始めたら足もとから伸びる溝沿いもポイントになる。サヨリは1月上旬でエンピツサイズから40cm近くの大型まで釣れている。最後に、防寒対策とライフジャケットなどの装備をしっかりして楽しんでいただきたい（2014・3／鈴木）。

千田港 南房総市

クロダイ

チンチン、カイズの数釣りが面白い

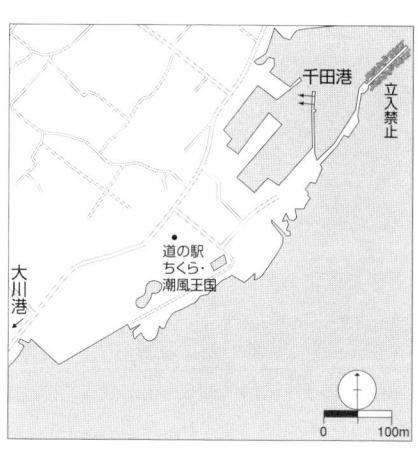

GUIDE
- 釣期　10月下旬〜11月。
- 交通　富津館山道・富浦ICを降りR127、410を南下。ファミリーマートがある信号を左折し県道86、R410で千倉方面へ。
- 問合先　釣具屋あどう（☎ 0470・44・4980）。

南房千倉の海岸沿いには道の駅「ちくら潮風王国」があり、それを挟むように南北に大川港、千田港がある。千田港は、南房周辺によくある小規模港である。メジナ、クロダイ、アジなどがねらえる。この時期はチンチン、カイズクラスの数釣りが面白い。

おすすめのポイントは東側から港内に伸びる堤防だ。干潮時や潮の流れがあまりない時、堤防の先端の水深は5m前後になる。また、先端付近から港内に向かって釣り座を構えると、水深は2〜3mと浅い。低い根が点在しており、先端より港内向きの釣り座のほうが実績は高い。釣り座を決めたら、丁寧に水深を測りながら根の場所を把握することが釣果を伸ばすコツだ。

小メジナなどのエサ取りが多いので、エサ取り対策に練りエサやマルキユー「くわせダンゴ」を使用する。ほかにも紀州釣りが有効である。

特にチンチンサイズが多い時には、練りエサや「くわせダンゴ」を硬く大きく握って使用するとよい。チンチンサイズが時間をかけて付けエサを捕食している間に、周

りにいる大型のクロダイが寄り始める。そうなると大型のクロダイが付けエサを横取りして捕食する確率がアップする。紀州釣りの時も同様であり、本命が寄り始めたのを感じたら硬く大きく握ったほうが大型のクロダイがヒットしやすい。チンチン、カイズサイズがメインになるが、年なしの実績も高い。

車は堤防手前の海側の空き地を利用して駐車。ちくら潮風王国が隣接していてトイレも近い。港内ではアジや小メジナをノベザオなどで釣れる。家族連れでも楽しめる釣り場といえるだろう。

冬場にはノリエサを使ったメジナ釣りも面白い。条件がよいと良型の数釣りも楽しめるだろう。

堤防からの釣りになるが、ライフジャケット、スパイクシューズなどの装備はしっかり整えて釣行に臨もう。自分が出したゴミは持って帰り、マナーを守って釣りを楽しみたい。なお、外側の堤防先端が立入禁止になっているので注意してほしい。

（2013・12／鈴木）。

乙浜港 南房総市

アジ

サビキとウキフカセの二刀流

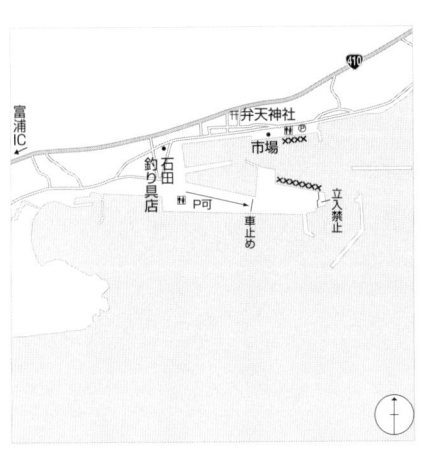

GUIDE
- 釣期　10月下旬～11月。
- 交通　富津館山道・富浦ICを降り、R127を館山方面へ。南総文化ホール前交差点を直進してR410へ。下真倉南交差点を左折し県道86を南下、長尾橋脇交差点を左折して乙浜港へ。
- 問合先　石田釣具店（☎0470-38-4228）。

乙浜港は港内全体が護岸整備され、足場がよい。どこでも手軽にサオをだせて、トイレが2ヵ所あり、駐車スペースもある。アジだけではなく一年中多彩な魚を手軽にねらえ、釣果も安定しているので非常に人気のある釣り場だ。

サオをだすのに一番手軽なのは市場前の護岸。ここは車を横付けでき、トイレもすぐ近くなのでファミリーにおすすめ。市場前の対岸は釣り場が広く潮通しもよいので釣果は望めるが、車止からやや歩くので空いていることが多い。じっくりサオをだしたい人や、釣果優先で釣り場を選ぶ人にはねらいめだ。

アジはいろいろな釣り方でねらえるが、時間帯やその時の群れの大きさ、活性によって釣れる場所やタナなどが大きく変わってくる。釣り方を限定せず、変化する状況に対応できるように準備しておくことが重要だ。

基本的に、朝夕のマヅメ時は護岸近くまで回遊するので近いポイントで浅いタナ、昼は遠くの深いタナをねらうようにする。日中はカゴサビキ仕掛けで船道周辺をねら

いにしたい、近くで釣れだしたらウキフカセやサビキ仕掛けで手返しよく釣ろう。

アジは寄せエサに群がるので、寄せエサと仕掛けを同調させることが重要。カゴサビキの時は仕掛け投入後しっかりカゴに寄せエサを入れ、仕掛け投入後はサオをシャクってからゆっくり仕掛けを流す。アタリが出ないようならウキ下を深く、投入直後から魚が食っているようならウキ下を浅くするなど状況に合わせて仕掛けを調整し、投入位置も変えて探ってみよう。

ウキフカセ釣りの場合、寄せエサをウキの上に被せるように撒き、自然に流していくのだが、やはりアタリの出方やエサの有無によってウキ下をこまめに調整する。ハリを飲まれることが多ければタナを浅くして調整する。

夕方釣れ始めると夢中になって釣り続けてしまうことが多いが、これからは急に涼しくなるので防寒対策も考慮して釣行しよう。また港内は車を停めて釣りができるが、末長く楽しめるようにゴミは必ず持ち帰ること。堤防は海水で洗い流すなどしてきれいにしたい（2014・12／庄司）。

乙浜港 南房総市

アオリイカ

根掛かり寸前のボトム際をねらう

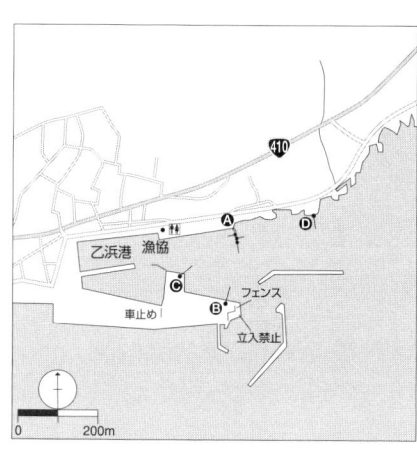

GUIDE
- 釣期　3月下旬〜6月。
- 交通　富津館山道・富浦ICを降り、R127を館山方面へ。南総文化ホール前交差点を直進してR410へ。下真倉南交差点を左折し県道86を南下、長尾橋脇交差点を左折して乙浜港へ。
- 問合先　サウスエンド（☎ 0470-23-8827）。

春から初夏にかけては1年のなかでも最大級のアオリイカがねらえる。房総半島の沿岸近くは浅場が多く深場がない。浅場に入ってくる春の乗っ込みは待ちに待ったシーズンといえる。

例年であれば3月後半から6月いっぱいがメインシーズン。房総半島でねらえるのは、外房の勝浦以南から内房の富津岬までの南房総エリア。そのなかでもアオリイカが多く、実績が高いのがこの乙浜漁港だ。

房総半島のほぼ最南端に位置し、シーズン序盤でも水温が上がりやすく開幕も早い。黒潮が近くを流れるせいか、4kg以上にもなる南方系のアカイカ型と呼ばれるアオリイカも毎年キャッチされている。

ポイントA　この漁港で一番人気のポイント。潮通しがよくアオリイカの回遊も多い。産卵場になるアマモ場が隣接しているのでストック量も多い。この堤防は泳がせ釣りでねらう釣り人も多く、ハイシーズンは泳がせ優先というローカルルールがあるようなので一応気に留めておきたい。

ポイントB　広大な護岸の立入禁止フェンス手前のポイント。ここも人気が高い。

ポイントC　魚市場の対岸の護岸で堤防が角になっているポイント。この周辺はアオリイカねらいとしてはあまり人気がない。だが港内にも確実にアオリイカは入っており、潮通しのよいこのポイントは港内への回遊ルートになっている。

ポイントD　漁港の東側に広がっている磯場からねらう。Aと同様で潮通しがよく海藻帯もある。プレッシャーも比較的低い。滑りやすい場所もあるのでスパイクシューズを着用したい。

基本的な釣り方は、キャストしたらカウントダウンしながらボトムや海藻帯のぎりぎりまで沈めてシャクり始める。シャクった後もボトム付近まで沈めてボトム際的にねらう。

房総半島では餌木が着底してからだと海藻が多いため根掛かりが頻発してしまう。底から離れすぎてもよくないので、カウントダウンで底すれすれをねらうのが最大のキモだ（2014・6／渡邉）。

35

宝来島&原港 南房総市

アジ、メバルほか

アジをメインに多彩な魚種がお出迎え

GUIDE
● 釣期　12月下旬〜1月。
● 交通　富津館山道・富浦ICを降りR127を館山市街へ。県道86からR410に入り野島崎灯台を見ながら直進、白浜渡船を通り過ぎたら正面に原港が見え、手前の小道を右に入る。
● 問合先　マリンスポット釣吉（☎ 0470-33-2880）。

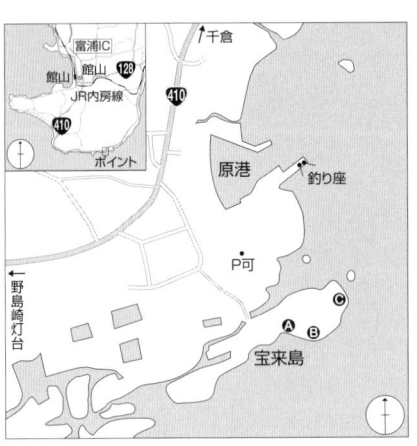

宝来島と原港はブーツで入れるお手軽釣り場である。風向きによって釣り座を選択できるのも魅力だ。

カゴ釣りのターゲットはアジがメインだが、尺メバルや40cm前後のメジナ、30cmクラスのシマアジも出ている。

宝来島は釣り座が主に3ヵ所取れる。メインはA、B、と南西風時の逃げ場となるCだ。

A、Bは正面に広がる浅根の切れ目が50mほど先にあり、左右に潮が流れるのでその辺りに投入して素直に潮に流してやればよい。

Cは少々遠投が必要。できれば70m以上は投げ、ワンドの中央をねらうとよい。ワンドから沖に向かって払い出す潮に乗せて流す。ちなみにこちらのポイントは、厳寒期の日中に大型のアジが入って来ることも機会があれば試してみるとよいだろう。

原港は、堤防の先端周辺からワンドの中央をねらう。先端には2人、その後方に1人は入れる。40〜60m投げて払い出す潮を捜し、それに乗せて流すのが基本的なねらい方だ。

先端に入る場合は正面に投入してアジの食うポイントを流しながら捜す。当たった場所を集中的にねらうと効率的である。南西風時は追い風になるが、北東風では真正面になる。風向き次第で宝来島へ行くとよいだろう。

仕掛けは遠投磯ザオ3〜4号、リール3500〜4000番のスピニングリール。ラインはナイロンなら5号、PEは1.5〜2号を巻く。ウキは8号前後にカゴはそれよりひと回り負荷が軽いものを選ぶ。ハリスはフロロカーボン3号が基本だ。

付けエサはオキアミ、アオイソメ、バイオベイトなどを用意し、ローテーションで当たりエサを捜す。タナはどのポイントも75cm〜2.5mを基本にする。全体的に浅い釣り場なのであまり下げすぎないこと。

釣れるアジのサイズは25cm前後がメインだが、尺もねらえる。ちなみに私のレコードである38cmはここであげている。カゴ釣り以外にも泳がせも面白い釣り場だ。

どの釣り座も基本的に低く、ウネリには弱いので海況をよく見て無理はしないようにを（2014・1／飯泉）。

ガーデン下の磯　南房総市

アジ、イサキ

広いポイントでのんびりアジング

GUIDE

- 釣期　8月下旬～9月。
- 交通　富津館山道・富浦ICを降りてR127を館山市街へ。県道86に入りさらに南下、長尾橋交差点を左折しその先の交差点を右折。突き当たりを左折するとピンクのマンションが見え、目の前が釣り場。路上駐車は厳禁。
- 問合先　マリンスポット釣吉　☎0470-33-2880。

　ガーデン下の磯は潮通しもよく、さまざまな魚をねらえる。ブーツでも入れるので、ライフジャケットやチャランボなどの装備さえしっかりすれば気軽に楽しめる。水温が高いこの時期はアジ、イサキ、青ものも顔を出す。今回はアジをターゲットとしたカゴ釣りを紹介したい。釣れるアジのサイズは25cm前後の中型中心だが、南房総特有の巨アジも運がよければ顔を出す。

　足回りはブーツで問題ないが、釣り座に向かう途中に岩の切れ目を通る。大人であればまたげる幅なので落ち着いて渡ろう。できれば昼前に下見しておきたい。

　釣り座は最大で4人ほどサオがだせ、横一列に並んで釣る。投入距離は40～50mあれば充分。最初から超遠投すると寄せエサが潮に乗り、ポイントが遠くなってしまう。南房の磯にしては足もとから充分な水深があり、暗くなればアジはかなり近くまで寄る。できる限り近い場所にポイントを作るのが数釣りの秘訣だ。潮は左右に流れるので素直に流してやればよいが、隣とのオマツリには充分気を付けよう。

　サオは遠投磯ザオ3～4号にリールはナイロン4～5号が150m巻けるクラス。ウキは6～8号にカゴは4～6号クラスでOKだ。付けエサはオキアミLサイズやアオイソメ。バイオベイトなども用意して、ローテーションで当たりエサを探っていくとよい。ハリスは2．5号を基本とし、イサキねらいなら最低4号を用意しよう。ハリは船用アジバリ10～11号を中心に、エサ取りのフグが少なければ夜光マダイバリの9～10号を用いても有効だ。

　タナは2mほどを基本に、深くても2．5mほどまでとしたい。アジは回遊魚で、日によっては寄りが悪いこともある。そんな時は思い切ってイサキねらいに切り替えるのも面白い。イサキもアジとタナは同じだが、闇夜がよいことを覚えておきたい。

　この釣り場は太平洋に面した潮通しのよさから、ウネリが差し込むと釣り座を直撃する。過去に事故が起きているので海況によっては注意し無理をしないように。また、車は少し離れたフローラルホールや野島崎灯台前駐車場に停められるが、釣り人に開放しているわけではない。くれぐれも迷惑行為は慎んでほしい（2014・10／飯泉）。

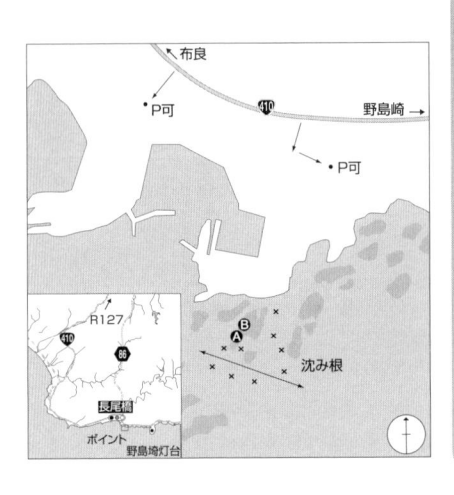

川下港前の磯　南房総市

アジ、メバル
カゴ釣りで2魚種をゲット

GUIDE
- 釣期　4月下旬〜5月。
- 交通　富津館山道・富浦ICを降りてR127を館山市街へ。県道86に入り長尾橋交差点を左折してその先の交差点を右折。突き当たりを右折すると川下港。
- 問合先　マリンスポット釣吉（☎0470-33-2880）。

この釣り場は潮通しのよい磯で、以前からカゴやフカセ、底ものの釣りのフィールドとして親しまれてきた。基本的にブーツとしてのエントリーが可能だ。今回紹介するのはカゴ釣りでねらうアジとメバル。

ポイントA　正面沖に見えるスエ島・イガイ島との間に右から左に潮が流れるので素直に潮に乗せて流すのがベター。遠投が得意な方は正面に見える両島の際まで仕掛けを飛ばしても面白い。ただし、あまり際まで入れると一発で根掛かりしてしまうので充分に注意したい。ここは潮位が70cmを切るくらいから入釣が可能。ウネリがある時や潮位が高い時は、手前の低くなった部分に勢いよく潮が通すので見極めてからサオをだしてほしい。

ポイントB　Aの手前に位置し、こちらは潮位を気にせずサオをだせる。基本的にねらう場所は同じ。沖めのポイントだけではなく、目の前の溝の対岸の根際をねらっても面白い。この場合、潮が払い出して動いていることと、できるだけ根の際をねらうのがコツ。また、上手くいけば40cm前後のメジナも釣れる。カド部から左斜め前35

mくらいの所には少し大きな根が沈んでいて、魚の付き場になっている。ここを集中的にねらうのもおもしろい。

どちらの釣り座も足もとから水深があり、タナは1.5〜2.5mを基本に仕掛けを流す。これからの時期、エサ取りの活性が水温の上昇とともに上がり、煩わしくなることも多いだろう。根気よく仕掛けを打ち返し、寄せエサを利かせてポイントを作るのが好釣果の鍵だ。フグが多い場合、イソメ類は厳しい。鶏のササミが有効な場合もあるので少し持って行くとよいだろう。

メバルねらいの仕掛けも基本的にアジと同じでOK。ハリはアジ用からマダイバリの9〜10号と大きくし、夜光にする。ポイントはA、Bともに根の際をねらう。付けエサは根魚が好むオキアミを2匹掛けで大きく付ける。魚にアピールすることが大切だ。両魚種ともにアベレージは25cm前後。

早朝や日中は、漁港関係者はもちろん釣船客や渡船客も駐車するので、トラブルを起こさぬように充分に注意してほしい。

（2014・6／飯泉）。

38

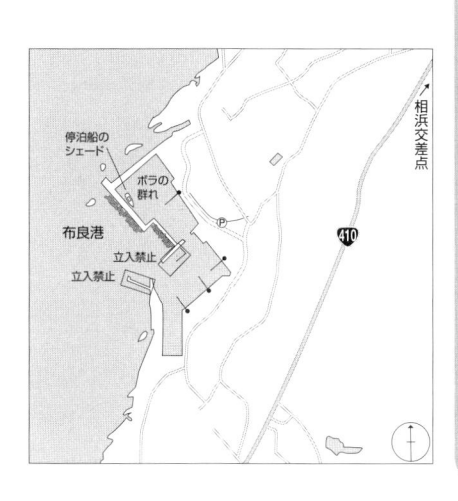

布良漁港 館山市

ショゴほか青もの
ひと潮ごとにサイズアップ

GUIDE
- 釣期　6月下旬～10月。
- 交通　富津館山道・富浦ICを降りR127を館山方面へ。R410に入り白浜方面へ。相浜交差点の先の県道252を右斜め前に入り布良漁港へ。
- 問合先　サウスエンド（☎ 0470-23-8827）。

夏本番を迎えると面白いターゲットが青ものなどの回遊魚。引きは強烈で群れが入れば堤防から連発することもある。サバやソウダガツオなどが一般的なターゲットになるが、回遊次第のため釣果にムラが出やすい。比較的釣果が安定して釣果に望めるのがショゴ。カンパチの幼魚である。ショゴは回遊魚でありながら港内の停泊船の下などのストラクチャーに付きやすい。群れが入れば港内にい続けてくれる。

外房から南房にかけては例年6月後半から20cmクラスの小型が入り始め、ひと潮ごとに大きくなり10月いっぱいまでねらえる。そのショゴの好ポイントの1つが布良漁港。房総半島のほぼ南端に位置するため、漁港の周辺は非常に潮通しがよく、ショゴをはじめとする回遊魚が入ってきやすい。また、漁港は適度な規模があり、形が複雑で小魚などのベイトも豊富でショゴが居着きやすい。

6月中のサイズは20～30cmなので、タックルはメバルねらいのライトタックルでOK。ロッドはメバルロッドのMLクラスにリールは2000番クラスのハイギヤがおすすめ。ラインはPE0.3～0.5号にフロロカーボン2号をリーダーとして結束する。ルアーは5cm前後のミノー、ペンシル、ポッパーや、3～10gのメタルジグ。5g前後の細身のスプーンも実績が高い。また、1つは持っておきたいのがラパラのアイスジグと呼ばれる「ジギングラップ」。このルアーは軽くシャクるだけで非常に鋭くダートするので、ルアーを見切りやすいショゴには効果絶大だ。

釣り方は、魚市場前などのオープンな場所では表層からボトムまで広範囲を探る。その時、ボラの群れが見えたら群れの中にルアーを通してほしい。ショゴはボラの群れをストラクチャーにすることがあり、ボラがルアーに驚いた瞬間に捕食スイッチが入ることもある。

停泊船の下にも高確率で付いているので、ロープに引っかけないように船の際をねらう。マヅメ時には活性の高いショゴが浅場まで上がってくるのでスロープも好ポイント。いずれにしてもアクションはただ巻きではなくトゥイッチングが効果的

（2011.8／渡邉）。

39

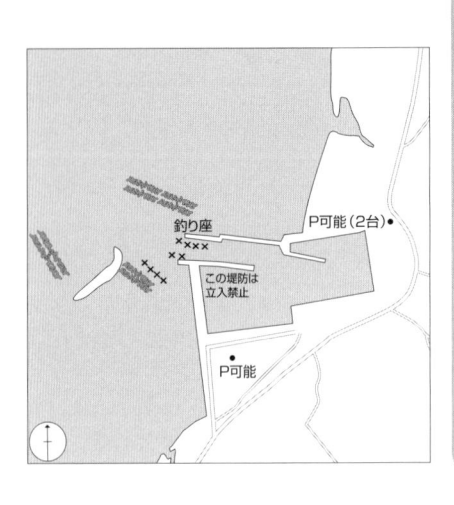

相浜港 館山市

シロギス、アジ、シマアジ

3種のターゲットで昼夜楽しめる

GUIDE
- 釣期　6月下旬〜7月。
- 交通　富津館山道・富浦ICを降りR127を館山市街へ。そのままR410を南下し富崎漁港の看板を右折してすぐにまた右折すると漁港に出る。
- 問合先　マリンスポット釣吉（☎ 0470-33-2880）。

水温が上がってくるこれからの時期、アジ、シマアジ、シロギスの3本立て釣行がおすすめだ。アジは基本的に夜釣りのターゲットで、カゴ釣りとウキフカセの両方でねらえる。シマアジもねらい方は同じでよいが、時間帯は朝夕のマヅメ時がメイン。シロギスは日中の釣りもの。朝マヅメからタマヅメまで楽しめるが、潮が動いている時がねらいめだ。

仕掛けはアジ、シマアジは共通。カゴ釣りは3号の遠投磯ザオにラインはナイロン4〜5号、ウキ8〜10号にカゴ6〜8号を組み合わせる。ハリスは3号とし、枝スには必ずバケを組み合わせるようにしたい。その日によって当たりバケが変わる。スキンや魚皮等、数種類用意すると確実だ。ウキフカセでねらう場合、ものザオにラインはナイロン1.5〜2号、ハリスは同号数でかまわない。ハリは船用のアジバリ9〜10号を用意。寄せエサにはアミエビを使い、付けエサはオキアミ、アオイソメを主軸に、可能であれば付けエサ用のアミエビも持参すると心強い。

カゴ釣りの場合、投入距離は40〜50mも

あれば充分。左側にあるテトラ帯から立入禁止堤防先端の間の水道を重点的にねらい、右から左に払う潮が経験上有望である。水深は浅いのでタナは50cm〜1mで潮位に合わせてこまめに変えよう。

ウキフカセの場合は堤防先端周辺および船道がポイントになる。タナは1.5m程度を中心に探るとよい。船道は潮の流れが激しい時があるので、そういう時は打ち返しの頻度を多くし、一定の範囲を重点的にねらうと結果が出やすい。

夜釣りでは濁りが入っているとゴンズイも顔を出すのでトングを必ず用意しよう。夜釣りは何が釣れるか分からない。知らない魚には不用意に触らないようにしたい。シマアジもメインのポイント、釣り方でねらえる。

シロギスはチョイ投げでも充分。地元の釣り人はノベザオで釣っているほどだ。ポイントは周囲一帯といってよく、漁港全体でねらえる。ねらう際のポイントはできる限り潮が澄んでいる時がよく、濁りが入るとフグが多くなるので注意したい

（2014・8／飯泉）。

沖ノ島護岸 館山市

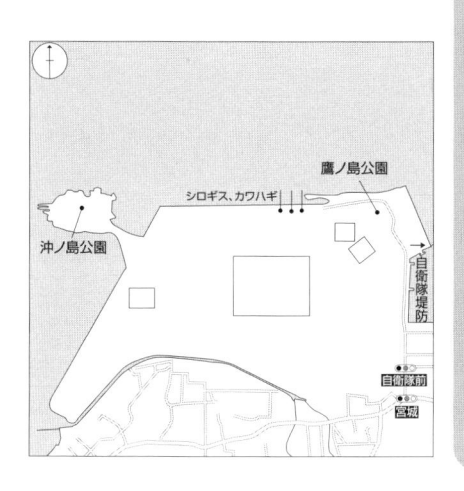

カワハギ、シロギス

暑さ和らぐ季節の日中投げ釣り

GUIDE

● 釣期　9月下旬～10月。

● 交通　富津館山道・富浦ICを降りR127を南下、南総文化ホール前を右折し、海に出たら左折して直進。自衛隊前を右折で釣り場へ。

● 問合先　太洋釣具餌センター（☎ 0470-23-4089）。

真夏の気温も忘れ涼しさを取り戻したこの季節は、昼間の釣りが最もしやすくなる。今回は投げ釣りでねらうカワハギを紹介したい。有名な自衛隊堤防のさらに奥へと車を進め、夏場はレジャーで大混雑する沖ノ島の手前の護岸がポイントだ。

サオは投げ専用ザオか遠投磯ザオ3～4号を使用。ショアジギング用のルアーロッドでもよいだろう。リールはPE1～1.5号を150mほど巻けるものであれば何でもよい。ドウヅキ仕掛けの2～3本バリか、ジェットテンビンの吹き流し式2本バリ仕掛けを使う。歯の鋭い魚なので、ハリスは最低でもフロロカーボンの5号を使う。ザイロン等フロロカーボン以外の素材もよい。オモリはサオの負荷に応じて。投げザオなら20～25号、遠投磯ザオやショアジギング用のルアーロッドなら15～20号が目安。ハリはハゲバリを使用する。小～中型主体の場所なので小さいサイズのハリが望ましいが、軸が細いと折られる可能性も高まる。できれば、がまかつの「カワハギ王」のような太軸のハゲバリを使った仕掛けを用意したい。太軸のチヌバリ1号でもよい。エサはジャリメやアオイソメのほか、アサリ等の貝類など。

チョイ投げの距離で食ってくることがあるが、下げ始めると沖めでしか潮が利かない時もあり、できれば100m前後の距離までねらえる装備で挑みたい。アタリが遠ければ投入地点を変え、また左右に移動して魚を探る。

吹き流し式の仕掛けを使う場合は特に、仕掛けをゆっくりサビきながらアタリを取る。この場所では左右手前の根際よりも砂地主体にねらうため、ドウヅキ仕掛けでも外道にシロギスが食ってくる。そういった意味で虫エサを持っておくとよい。

この時期はまた、カイズ、クロダイねらいの釣り人にも人気がある。クロダイねらいの先行者がいた場合は、隣でサオをだすことは避けたい。朝から寄せエサを撒いて作ったその先行者のポイントを潰すことになるし、ウキを流せる範囲に制限をかけてしまう。海は広いのだから無意味に混雑を作る必要はない。待ちの釣りではないので、釣れなければとにかく移動すること（2014・11／泰田）。

41

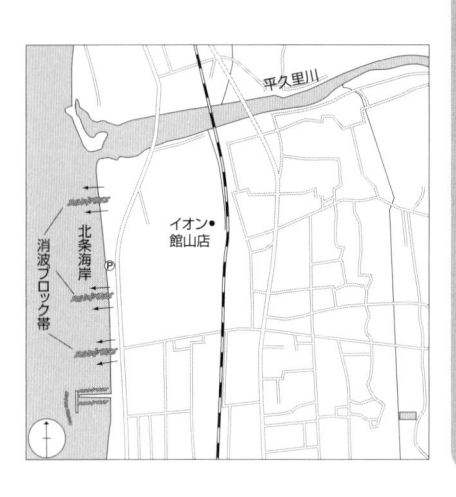

北条海岸 館山市

クロダイ
水面はぜるルアーゲーム

GUIDE
- 釣期　5月下旬〜6月。
- 交通　館山自動車道終点の富浦ICからR127を館山方面へ進み鶴谷八幡宮入口交差点右折。八幡海岸交差点を右折し、北条海岸沿いにある駐車場へ。
- 問合先　サウスエンド（☎ 0470-23-8827）。

徐々に盛り上がりを見せているクロダイのルアーゲーム。水面を割るバイトシーンはこの釣りならでは。道具はシンプルで手軽、釣り方も簡単で、アベレージサイズが大きいのも魅力だ。クロダイの数が非常に多いことで知られる館山湾内の北条海岸は、平久里川や汐入川が流入し、海岸にはヘッドランドや消波ブロック帯があるなど、好条件が揃う。河口や河川内にもクロダイは多いが、中でもオススメなのが消波ブロック帯。平久里川の南側に長さ50mほどの消波ブロック帯が3本あり、周囲には必ずといってよいほどクロダイが付いている。

釣り方はルアーで日中のトップゲームが面白い。ルアーはクロダイ用のポッパーや、5cm前後のバス用ポッパーでもOK。バス用ルアーの場合は、必ずフックを太軸に替える。ロッドは7〜8フィートのシーバスかエギングロッド。バスロッドでも流用可能だ。リールはダイワなら2500番クラスのスピニングリール。ラインはPE0.6号前後にフロロカーボン3号前後をリーダーとして1mほど結ぶ。

キャストしたら消波ブロック帯の際にポッパーを通していく。アクションは一定のリズムで、水面から飛び出さないようにルアーを動かす。反応がなければ、消波ブロック帯の両サイドや先端をかすめるように引くなど、コースを変える。

クロダイが反応すればポッパーの後ろに波紋が出るなど前触れがあることが多い。ここで大事なのは焦らず同じペースでアクションを続けること。クロダイがルアーをくわえてロッドに重みが乗ったら合わせる。早アワセはNGだ。有望な時間帯は朝マヅメ。上げ潮もクロダイが活発にエサを食うので好条件だ（2015.7／渡邉）。

河川や消波ブロック帯など複合的な要素が絡む北条海岸はクロダイの好ポイント

42

那古海岸 館山市

イシモチ、シロギス、マゴチ

メインはイシモチ、濁りがカギ

GUIDE
- 釣期　7月下旬～8月。
- 交通　富津館山道・富浦ICからR127を南下。那古交差点を右折して突き当たりが那古海岸。
- 問合先　太洋釣具餌センター（☎ 0470-23-4089）。

水温が上がるこの時期になると安定した接岸をみせるイシモチ。南房総ではねらう人の少ないターゲットだが、明確なアタリと力強い引きは釣り人を虜にするものがある。那古海岸は、イシモチの必須条件である濁りが入りやすい地域である。また周囲には実績の高いシロギス釣り場が多数存在するため、投げ釣りファンも多い。

釣れるイシモチは18〜27cmがレギュラーサイズで30cmオーバーも混じる。釣り方は投げ釣りが一般的。サオは投げザオ25号前後か、遠投磯ザオ3〜4号を使用する。ミチイトはPE1.5〜2号とし、15号前後のジェットテンビンで15〜50m投げてねらう。那古海岸に限れば、ドウヅキ仕掛けは明らかに食いが悪く、必ず吹き流しの仕掛けにする。ハリスはフロロカーボン3〜4号、ハリは丸セイゴ14号前後を使用する。

イシモチは意外と頭の骨が硬く、何尾か釣るとハリ先が甘くなる。そのまま続けていると掛かりが悪くバラシが急増するので、タイミングで必ずハリを交換すること。目安はエサをハリに刺す時、最初の刺さりが悪くなってきたら交換したい。

エサはアオイソメを使う。イワイソメよりはジャリメを用意したほうが掛かる魚は豊富になる。虫エサで重要なのはその鮮度。直前までイケスで管理された生きのよい虫エサを使いたい。

那古海岸のイシモチは昼夜関係なく釣れる。「濁りの強い日の上げ潮時」にサオをだすことが重要。あと魚の溜り場を捜すことが大切だ。

那古海岸はルアーのマゴチねらいでも人気のポイントだ。先行者がルアーファンの場合、トラブルを避けるためにも優先してあげたい。イシモチはどこでも釣れるので、最初に入る場所にこだわる必要はない。また、釣れたシロギスを生きエサにしてマゴチねらいも面白い（2014.9／泰田）。

43

富浦湾 南房総市

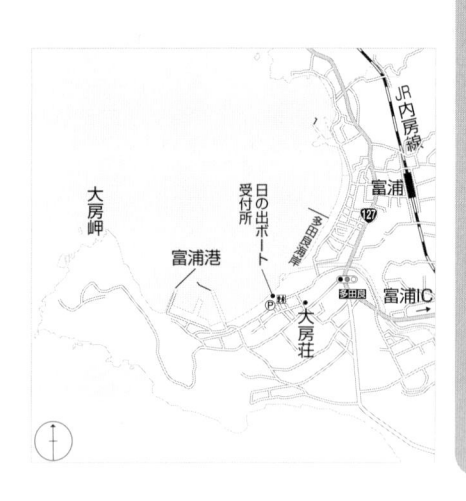

シロギス、マゴチ

引き船サービスで楽々釣り場へ

GUIDE
- 釣期　3月下旬〜4月。
- 交通　富津館山道・富浦ICを降りて信号を右折、多田良浜方面へ。電車はJR内房線・富浦駅より徒歩15分。
- 問合先　日の出ボート ☎ 0470-33-2787。

引き船サービスで有名な富浦湾のボート釣り。ちなみに日の出ボートは4月1日から本格始動する。乗船前に釣りものをスタッフに申告すれば、ポイントまで連れて行ってくれる。シロギスを釣ってからマゴチのポイントへ移動したい、なんて注文もOKだ。ポイントに着くと、ボート店ごとにある程度ボートをまとめて釣るようになる。アンカーリングでの釣りが基本。だが、アタリが少ない日はやはり流し釣りに分がある。もし流し釣りをする場合は、ボート群から離れなすぎないように。

定期的に店のボートが見回りにきてくれるので、ポイント移動も頼める。天候の急変にも素早く対応できてビギナーも安心。さらに砂浜での乗り降り時には、スタッフが腰まで海に入ってサポートしてくれる。

シロギス釣りは、普通の沖釣り用のタックルに、仕掛けは7〜9号の2本バリ。片テンビンにオモリは5〜10号。エサはジャリメかアオイソメ。置きザオにするとメゴチばかりヒットするので、1本ザオで、集中して誘ったりサビいたりするとよい。

マゴチねらいのタックルはシロギス用で充分だが、リールはベイトタイプのほうが使いやすい。仕掛けはドウヅキか片テンビン。ドウヅキのほうがタナボケをする心配がないのでビギナー向きだ。ハリスは2〜3号を1・8m前後。ハリは丸セイゴ16号程度。エサは小型のシロギスかメゴチ。シロギスのほうがマゴチの食いはいい。

アンカーリングする時は、アンカーロープを全部出して、広い範囲をカバーするのがコツになる。また、日の出ボートにはイケス付きの2馬力ボートが4隻あるので流し釣りには重宝する。休日に釣行する時は予約しておこう（2015・5／須藤）。

引き船サービスがあるのがうれしい

富浦湾 南房総市

アオリイカ

エンジン付きでボートエギング

GUIDE
● 釣期　4月下旬〜5月。
● 交通　富津館山道・富浦ICを降りて信号を右折、多田良浜方面へ。電車はJR内房線・富浦駅より徒歩15分。
● 問合先　日の出ボート（☎ 0470-33-2787）。

　富浦海岸のボート釣りは引き船サービスで有名な釣り場だが、エギングの場合は2馬力ボートのレンタルをおすすめする。レンタル料は8000円と高価になるが、ボートを漕ぐ回数が多くなる流し釣りをするため、手漕ぎボートでは大変な肉体労働だ。

　ポイントは、湾の中央付近にある丸根周辺。水深は10m前後。根を通過するようにボートを流すこと。アオリイカのほかに、カミナリイカも混じる。

　釣り方は、まず餌木を軽くキャストして着底を待つ。着底の確認は、海面に浮かせたラインで判断する。見やすいように、浮かせたラインはたるませておく。また、着底前にヒットすることもあるので、しっかりラインを見ておくこと。

　餌木が着底したら、根掛かりを防ぐため素早くイトフケを取る。そこで何度かロッドを大きくシャクって餌木をアピールしてから、しばらくその状態をキープする。10〜20秒待つと餌木がずり上がってくるので、再度ラインを出して着底させてイトフケを取る。それを2〜3回繰り返すと、餌木が遠くなりすぎるため、回収してキャストし直す。

　アタリは餌木を静止させた直後に出やすい。シャクった瞬間にうまくフッキングできれば問題ないが、アタリを感じた場合はしっかりとロッドをあおってハリ掛かりさせないとバラシの原因になる。

　また、ポイントが狭いため2回もキャストするとポイントから外れてしまう。かといって、シーアンカーを使用すると流れるスピードが遅すぎて釣りづらくなる。流すコースを少しずつずらしながら、根気よく何度もボートを流してみよう。

　ボートを流している間はエンジンを切っておく。釣りをしながら周囲には充分注意すること。他のボートや漁船に海中の漁具など障害物は多い。

　なお、ボートを乗り降りする砂浜は水深が複雑になっているので、無理をせず乗降時はスタッフにすべて任せよう。干潮時はかなり沖まで迎えに来てくれて、砂浜までボートを引っ張ってくれる（2014・6／須藤）。

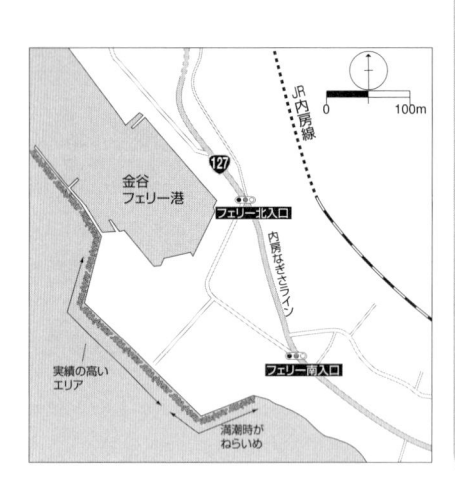

金谷フェリー港 富津市

ムラソイ、カサゴ
無数の穴を効率よく探る

GUIDE
- 釣期　1月下旬〜2月。
- 交通　富津館山道・富津金谷ICを降りR127を館山方面へ南下するとすぐ金谷フェリー港。
- 問合先　岡澤釣具店（☎0439-69-2232）。

厳寒期でも比較的釣果が望めるターゲットがムラソイやカサゴ。その両方をねらえるのが金谷フェリー港だ。ポイントは港の外側に設置されている消波ブロック帯。この周辺の海底は岩礁帯になっており、ムラソイやカサゴなどの隠れ家になっているので魚は多い。

釣り方は消波ブロックの穴釣り。消波ブロックは400m近くあるのでポイントは無数。その中でも特に実績が高いのが、南西方向に面した長い護岸の中ほどから右側にかけて。このエリアは比較的水深が深く、干潮時でも干上がらず、安定して釣れる。中ほどよりも左側は水深があまりなく、大潮の干潮時になると穴の中が干上がってしまうことも。こちら側をねらう場合は満潮前後がベストになる。

使用するルアーは、2インチ程度のソフトルアーに根掛かりの少ないオフセットフックの組み合わせがおすすめ。ソフトルアーはストレート系、シャッドテイル系、シュリンプ系の実績が高い。使い分けは万能タイプのシャッドテイル系を基本に、波のある日や深い穴をねらう場合は沈みの早いストレート系、ゆっくり落としたい場合や濁りが入りアピールしたい場合などはボリューム感があるシュリンプ系がよいだろう。オモリはバス用のテキサスリグなどに使うバレットシンカーでもよいが、3B程度のガン玉がおすすめ。ガン玉を打つ位置はフックのすぐ上で、その時の状況に応じて2〜4個を付ける。

立ち位置は消波ブロックに乗ってもよいが、足場のよい護岸からでも穴撃ちはできる。釣り方は軽くラインを張りながらリグを穴へ落とし、必ず底まで到達させることが重要だ。この時に軽くラインを張ることで根掛かりを減らせる。アタリも取りやすいのでアワセもすぐに行なえる。アワセが遅れると魚が隙間に入り込んでしまい、出てこなくなることもある。活性が高い魚がいればすぐに反応がある。アタリがなければどんどん次の穴を探っていくことが好釣果への道だ。1つの穴で粘るのではなく、アタリがなければどんどん次の穴を探っていくことが好釣果への道だ。

ムラソイやカサゴなどの根魚はすぐに場荒れしてしまう。小さな魚はリリースして末永く楽しめるようにしたい（2014・3/渡邉）。

46

布引海岸 富津市

フッコ

満潮時や朝夕には大型も

GUIDE
●釣期　12月下旬〜1月。
●交通　館山自動車道・木更津南ICを富津岬方面へ降りてR16を進む。途中県道90を走り、新井交差点を右折して、真っすぐR16と県道255を走る。途中新町バス停付近を右折して布引海岸へ。
●問合先　のもと釣具店 ☎ 0439-87-4832）

12月末〜1月は、富津のフッコの釣りを楽しみたい。寒いこの時期に短時間で結果が出ることが多く、ありがたい釣りものだ。

布引海岸は南に面して季節風となり、ナギが多い。海底は何の変哲もない砂地。回遊魚なのでどこでサオをだしても問題ない。釣りやすいと思った場所でのんびりイスに腰掛けて待つくらいが丁度よい。

タックルは、100mほど投げられる振り出し投げザオにドラグ付き投げ専用リール。ミチイトはナイロン3号、カイトをつけてシグナルテンビンにオモリ30号、幹イト8号70㎝、6号のスイベルを介してハリス5号20㎝、ハリは丸カイズ18号。ハリスに7号のナツメ型発泡玉を付ける。夜釣りなので、穂先にぎょぎょライトなどを装着する。砂浜につきタモは不要、足もとはブーツがよい。

釣り方はタックルを2セット三脚かサンドポールに立てかけて並べる。満潮時や朝夕は近くに大型がくることもあるので、1本は近めに、それ以外の夜間は遠めでの確率が高いが、70mも投げておけばOK。

エサはアオイソメの房掛け（中〜大型を刺し）を併用すると集魚効果が期待できる。ナギが続くとカニが異常に多いので、発泡玉でエサを海底から浮かせるなどの対処が必要。またイワイソメはカニが寄りづらいがフグに邪魔されることがある。確実にエサを残そうと思ったらユムシがよい。

釣れる時間は、夕方の明るい4時頃〜翌朝の夜明けまで。大潮で朝夕に満潮が重なる日は朝夕のマヅメ時がねらいめ。だが、それ以外の時間でも浜を回遊しているので真夜中の干潮時にヒットすることもある。サイズはセイゴクラスから70〜50㎝とさまざま（2015・2／坂井）。

釣りやすいと思った場所でのんびり
サオをだすのもいい

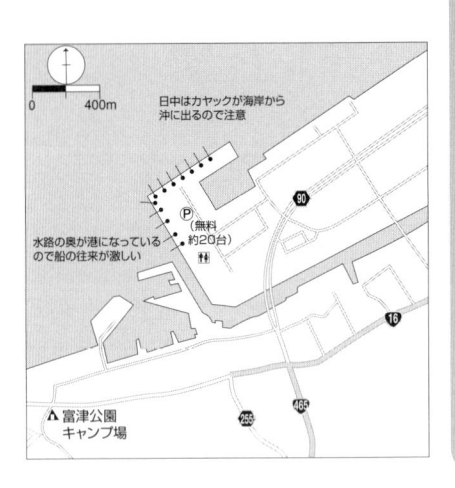

みなと公園 富津市

スズキ

冬から春まで長く楽しめる

GUIDE
- 釣期　12月〜4月。
- 交通　館山道・木更津ICを降りてR16を富津方面へ10分ほどで釣り場。
- 問合先　キャスティング木更津店（☎ 0438-30-1476）。

釣りものがさみしくなるこの季節でも釣果を期待できるのが、みなと公園でのスズキ釣りだ。海底は砂地で水深は2〜3m。どこでも釣果は望めるが、水路側は船の往来がある。のんびりサオをだしたい人は富津新港側がおすすめだ。

毎年11月頃からポツポツと釣れ始め、12月から本格的にシーズンイン。4月くらいまで楽しめるだろう。スズキは時合がはっきりしている。釣れ始めるとバタバタと3〜4尾釣れるので、1尾釣れたら手返しよく打ち返そう。

今年も順調にシーズンが始まり50〜60cm台のスズキが釣れている。時には70cmオーバーのスズキも顔を出し、今シーズンの好調ぶりがうかがえる。

みなと公園は潮が引くと手前が干潟になるので、取り込みが難しい。夕方に満潮が挟める潮を選びたい。できれば潮がよく動く大潮を選びたい。夕方のマヅメ時に1回目の時合が訪れることが多い。2回目は20時頃にバタバタと釣れ、21時過ぎには静かになるのがここでのパターンである。潮や天候などの状況によるが、この傾向が強いと思う。

また、風のある日のほうがスズキの活性も上がりよく釣れる。ベタナギだとセイゴが多く、50cmオーバーはあまり釣れないことが多い。

タックルはオモリ負荷25号程度の投げザオにドラッグ付きの投げ専用リールが好ましい。オモリは20号を基準にし、当日の状況によって変えよう。ミチイトはナイロン3号を使うことが多い。仕掛けは段差仕掛け。元はフロロカーボン6号で、ヨリモドシを入れ、上バリが丸海津14号。エサはイワイソメの通し刺し。下バリはチヌバリ6号にアオイソメを房掛けにする。ハリスはフロロカーボン4号ほど。

当日の状況次第でエサの付け方を工夫すると釣果に差が出る。フグの活性が高い時はアオイソメだけにするとよい。また、近投で釣果が上がらない時はイワイソメを1本掛けで遠投するのもよい。大ものねらいではユムシも効果的だ。ユムシだけでは集魚効果が乏しいので先にイワイソメをこき上げて、その下にユムシを付けると一層効果が期待できる（2014・3／神崎）。

48

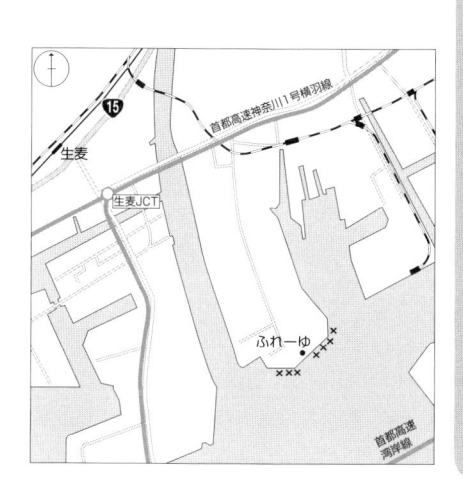

ふれーゆ裏 横浜市
アオリイカ
日中のサイトエギング・ゲーム

GUIDE
- 釣期　9月下旬～10月。
- 交通　首都高速・生麦ICか汐入ICを降り弁天町交差点をふれーゆ裏へ。ふれーゆ休館日（年末年始4日間、7、8月を除く第2火曜日）は駐車場、トイレ等施設利用ができないので事前にHP等でチェックしたい。
- 問合先　キャスティング鶴見駒岡店（☎ 045-584-7201）。

都心近郊で手軽にアオリイカがねらえるということで、年々定番化し、盛り上がりを見せる秋の東京湾エギングゲーム。通称"ふれーゆ裏"は、比較的足場がよく、家族連れでの釣行にもおすすめのポイント。ここはヒイカ等のライトエギングで注目を浴びるとアオリイカがねらえ、1年を通じてエギングが楽しめる。

鶴見川の河口に位置し、張り出すように出た護岸は潮通しがよい。アミ等のプランクトンも豊富で、それを求めてイワシが回遊する。

アオリイカの釣果は、秋になると東京湾を北上し、八景エリアに比べて少し遅い9月下旬から聞こえ始める。ふれーゆ裏ではデイゲームのエギングが中心となるため、偏光グラスを使ってイカを捜すことから始める。2.5～3号の餌木をキャストし、一旦底まで沈める。一定のリズムでシャクリながら手前まで引いてみよう。イカがいれば追い掛けてくるので、ラン＆ガンスタイルでポイントを広く探る。もし追いかけてくるイカがいれば、餌木のサイズやカラーローテーションで乗せていく。また、最近流行のラトルタイプなども面白い。私はイワシカラーの餌木を使って実績を上げている。秋のイカは表層を回遊し、トウゴロウイワシを捕食している。潮が速ければ、同サイズの餌木の中でも重たいDタイプを選択するのも有効だ。

また、一般的には満潮前後がねらいめ。アオリイカは回遊性が強く、沖から差すタイミングがあるので潮には要注意だ。

タックルは、ライトエギングロッドからイトロックフィッシュロッドに、リールは2000～3000番。ラインはPE0・4～0.8号を100mほど巻き、1.7～2.5号のリーダーを接続する。

なお「ふれーゆ」には大浴場やプールもある。釣りとあわせてリフレッシュするもよし、「家族サービスとして一日過ごすのもよいだろう。「ふれーゆ」利用者のコインパーキングが利用できる（「ふれーゆ」営業時間前後30分まで）。最後に、この場所での投げ釣りは禁止。家族連れも多い釣り場なので、キャスト時の後方確認は必ず行なうこと（2014・11／佐藤）。

幸浦岸壁 横浜市

カサゴ

ライトリグ＆ブラクリの2スタイル

GUIDE
●釣期　12月下旬～1月。
●交通　横浜横須賀道 or 首都高湾岸線・並木ICを降りR357を八景島方面へ。途中で左折し海岸へ。電車は金沢シーサイドライン・産業振興センター駅下車。
●問合先　キャスティング横浜磯子店（☎ 045-271-6897）。

12月以降になると、あれだけ賑わっていた幸浦堤防も水温低下で静かになる。これから安定した釣果を見せるのがロックフィッシュ等の低水温に強い魚だ。なかでもカサゴが好敵手。11月過ぎから産卵のためにこの近辺のテトラ帯へ接岸し、大型の数釣りが楽しめるだろう。

夜釣りや穴釣りのイメージが強いカサゴだが、底を丹念に探れば日中でもねらえる。濁りが入った時などは、明るいうちからの爆釣も夢ではない。特に東京湾はカサゴの放流が盛んに行なわれているため、魚の数は年々多くなっているように感じる。

またアイナメ、メバル、ソイ等のうれしい外道も多く混じり多彩な魚種を楽しむことができる。

タックルは7フィート前後のライトロックフィッシュ用のロッドに2000番のスピニングリール、ラインはPE0.6号にフロロカーボン8ポンドのリーダーを接続する。ソフトルアーでねらうライトロックフィッシュのスタイルが好適だ。このタックルだと、小さなアタリも捉えることができ、軽い仕掛けも投げやすいので根掛かりも少なくなるという利点がある。

ワームなどの疑似餌を使ったスタイルが主流だが、軽いブラクリにアオイソメ、ジグヘッドにアオイソメといった釣り方でも楽しめる。使うブラクリは1号前後、ジグヘッドもメバル用の1.5～2gを使うのがポイントだ。

釣り方はキャスト後、底を取り、小さく小突きながら誘ってくる。押さえ込むようなアタリあったら、しっかりと合わせ、素早く巻き上げて魚を浮かせよう。油断していると小さなカサゴでも根に潜られ、切られてしまう。

30cmを超える型がヒットした時の引きはなんともいえない。釣りあげた時の喜びはひとしおだろう。

産卵期のカサゴは抱卵している個体も多く、必要以上のキープは避けたい。小さい魚は優しくリリースしてほしい。また、ライフジャケット、シューズなどの装備をしっかりとして釣りに臨んでほしい。ナイトゲームの場合はヘッドライトなどの装備もお忘れなく。防寒対策もしっかりしておこう（2014・2／佐藤）。

福浦南岸壁 横浜市

メバル

時合をつかめば1キャスト1フィッシュ

GUIDE
- 釣期　12月下旬～1月。
- 交通　首都高湾岸線・幸浦ICを降りR357を八景島方面へ。金沢柴町交差点を左折し突き当たりの岸壁一帯。電車は金沢シーサイドライン・市大医学部駅下車徒歩3分。
- 問合先　キャスティング横浜磯子店（☎ 045-271-6897）。

　都心からのアクセスもよく、横浜でも最大規模の堤防を持つ福浦。中でも南岸壁は冬の北風に強い。

　メバル釣りで一番重要なのは時合だ。夜行性が強いメバルはタマヅメになると、深場や障害物の陰から群れで接岸し浮上する。そのため時合は日没後1時間。ほかの時間帯との差は歴然で、1キャスト1フィッシュの入れ食いモードは珍しくない。エサを求めて接岸するメバルは時折水面でボイルするなど、活性の高さがうかがえるだろう。

　タックルは7～7.6フィートのチューブラーやソリッドティップのメバルロッドが望ましい。リールは2000番のスピニングリールにフロロカーボン3ポンドを50～100m。このポイントは消波ブロック越しにキャストしなければならないため、根ズレに強いフロロカーボンがおすすめ。ルアーは1.5～2.0gのジグヘッドにワームの組み合わせか、良型ねらいでスモールプラグを投げるのも面白い。ルアーのカラーはグロー系を中心に、ラメの入ったベイトフィッシュカラーをローテーションす

るのがおすすめ。釣り方のコツは、上を向いてTサを待っている活性の高いメバルをねらって上から探っていく。消波ブロックの際で待ち伏せしている魚も多いので、手前まで気は抜けない。

　横浜近郊エリアのメバルは12月が産卵の最盛期。卵胎生のメバルは子どもをおなかに抱えたものが釣れることも多い。必要以上のキープは避け、おなかが膨らんだ個体は極力リリースをしてほしい。

　注意事項として、八景福浦岸壁では消波ブロックへの立入が禁止、降りることができない。高さがある堤防からの釣りのため、安全第一で釣行していただきたい（2015.2／佐藤）。

消波ブロックの際でエサを待ち伏せしている魚も多いので、手前も忘れず探ろう

平潟湾 横浜市

メバル、フッコ

タマヅメに楽しむライトソルト

GUIDE
- 釣期　4月下旬〜5月。
- 交通　京浜急行本線・金沢八景駅下車、徒歩3分。車は首都高湾岸線・幸浦出口から約10分。
- 問合先　キャスティング横浜磯子店（☎ 045-271-6897）

平潟湾周辺はメバルとスズキの数が多く、お手軽に楽しめるフィールドだ。平潟湾は長さ1km、幅0.3kmほどの入り江で4本の川が流れ込む。ベイトフィッシュやバチ抜けも多く、フィッシュイーターのエサ場になっている。ほぼ全面が護岸され、足場もよい。ビギナーにも比較的安全な釣り場だ。河口、浅いゴロタ、水通しのよい水路までとポイントの幅は広い。

スズキとメバルはともに汽水域にも生息する。両者を比べると、メバルのほうが濃い塩分濃度を好む習性にある。メバルをねらうなら湾口のほうがよいだろう。

平潟湾は広大なポイントのため、魚が群れで回遊することもしばしば。足で稼ぐイメージでラン＆ガンして、広範囲を探って魚の群れを捜し当てたい。

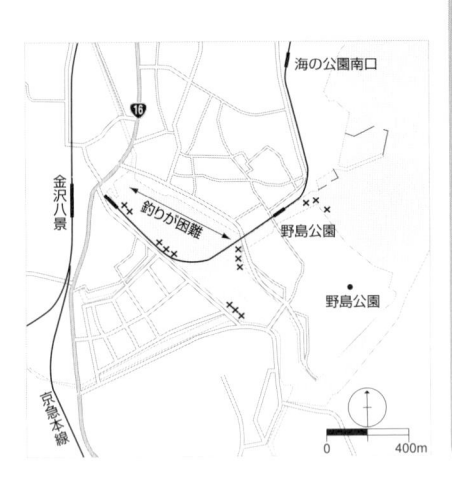

基本的なタックルは7〜7.6フィートの比較的ライトなメバルロッドからシーバスロッドがおすすめ。リールは2000〜2500番クラスでPEライン0.6号を100m以上巻いておく。リーダーはフロロカーボン1.5〜2号でOK。だが、不意に大型のスズキもヒットすることがあるの

で、その際はドラッグを弱めに設定し、慎重にやり取りをしていただきたい。

おすすめのルアーは50〜80mmの小型のシンキングペンシルやフローティングミノー。5月でも大潮回りになるとバチ抜けが見られることもあるので、バチのルアーも忍ばせておきたい。おすすめのカラーはチャート系。エサを捕食するボイルに遭遇することもしばしば。水面の生命感を参考にしながらポイントを選びたい。

なお、北側の面はマンションが建ち並び釣りができない。また平潟湾には数多くの遊漁船が停泊する。歩行者も多いのでキャストの際は気を付けてトラブルのないように注意したい（2015・6／佐藤）。

手軽に電車釣行も可能

野島防波堤・赤灯 横浜市

シロギス、カレイ

春を感じる2ターゲットの釣り

GUIDE

●釣期　2月下旬〜3月。
●交通　横浜横須賀道路・朝比奈ICを降り県道23六浦交差点を左折。R16を直進し、瀬戸神社前交差点を右折。道なりに進むと野島公園。
●問合先　村本海事（☎ 045-781-8736）、渡船時間（11〜3月）8、12、15時15分、料金＝大人4000円、女性・中学生以下＝2000円。

まだ寒い日は続くが、海の中では徐々にではあるが春に向かっている。そんな春の訪れに伴い、野島防波堤・赤灯ではシロギスの食いが活発になる。またマコガレイの戻りの最盛期なので、合わせてねらいたい。

野島防波堤は全体的に堤防が低く、波が足もとを時々洗うことがあるが、赤灯は心配無用だ。堤防から水面まで3mくらいの高さがあるので、のんびりとサオをだせる。

最近の状況は、2月に入るとポツポツとカレイが釣れ始め、2月中旬からは安定した釣果が得られている。またシロギスもここにきて安定して釣れており、これからますます期待が持てる。

赤灯での攻略方法だが、東西南北どこでもサオがだせる釣り場である。風向きによって釣り座を構えるとよいだろう。特に実績の高い釣り場は船着き場だ。潮の流れが速くエサ取りも多いので、こまめに打ち返すことで、釣果を伸ばしていきたい。

また当日のポイントを見つけるために遠近を投げ分けて広く探るのもキモだ。仕掛けは幹イト5号、ハリス3号の2本バリのシンプルな枝バリ仕掛けでOK。ハリは丸

海津12〜14号を基準にする。エサはアオイソメがあれば充分である。シロギスねらいなら1匹掛けで、カレイねらいなら房掛けにするとよいだろう。

釣り方は、シロギスなら手持ちでサビき、カレイねらいは置きザオでじっくりと待つ。タックルはオモリ25号が背負える投げザオに、投げ専用リールを組み合わせる。ミチイトはPE1.5号を標準とする。

赤灯に渡る際は船の一番前に荷物を置くと赤灯に渡ると判断される。着いたら荷物を所定の位置に積んでおこう（2015・4／神崎）。

実績の高い船着き場のポイント。足もとで釣れることもあるので遠近を投げ分けるとよい

53

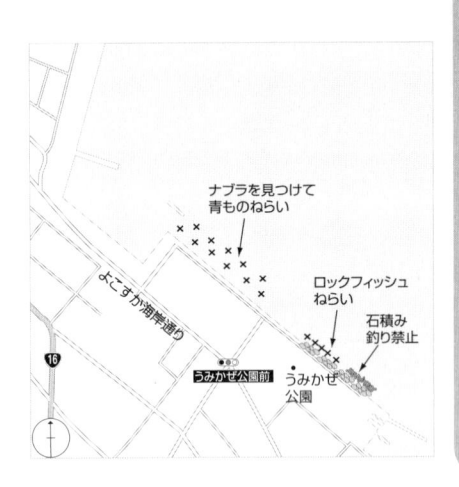

うみかぜ公園 横須賀市

サバ等青もの、カサゴほか

青ものも！根魚も！

GUIDE

- 釣期　8月下旬～9月。
- 交通　横浜横須賀・横須賀ICより本町山中有料道経由で約15分。電車は京浜急行本線・県立大学駅下車で徒歩15分。駐車料金は1時間310円、2時間以上620円。
- 問合先　キャスティング横浜磯子店（☎ 045-271-6897）。

秋の気配を感じると青ものの情報に敏感になる釣り人も多いだろう。都心から約1時間とアクセスも良好で、ファミリー、ルアーフィッシングファンにも人気の釣り場がココ、横須賀市のうみかぜ公園だ。釣りだけではなく、バーベキューなどができるスペースも併設されているため、週末などはかなりの賑わいを見せている。

海に向かって左の柵のある所からサオをだすことができる。沖に見えるのは猿島だ。

潮通しもよく回遊魚も盛んで、夏から秋にかけてサバ、イナダ、ソウダガツオなどの回遊魚がねらえる。

朝マヅメにナブラが出ることがあるので20～30gのメタルジグを持っていくと面白い。ナブラが出なければカゴ釣りの人の動きにも要注意だ。ヒットしている距離から群れの位置を判断し、40g前後のジグをボトムから探るとよいだろう。2kg前後のイナワラクラスもヒットするので油断はできない。

柵～右側の石積み（石積みの前は釣り禁止）にかけては、根が点在し、ワーム等を使ってライトアーロッドでねらえば、コンスタントにカサゴ、ムラソイなどが釣れ魚種は多彩である。潮が濁った時などは食いが立つ日中でも数釣りができることが多い。また、メバル、アイナメも多くクロソイも混じり保険にもなるだろう。青ものが釣れない時の根魚が多いということは、冬にかけて楽しめるポイントといえるので、覚えておいても損はない。

カサゴ、ムラソイなどのライトロックフィッシュを楽しむのであれば、タックルは7フィート前後のライトソルト用ロッドに2000番ほどのスピニングリール、ラインはPE0.6号にリーダーとしてフロロカーボンの8ポンドを結ぶ。

回遊魚ねらいのタックルは9～10フィートのML以上のシーバスロッドに、リールは3000～4000番のスピニングリールにPE1～1.5号を150m巻き、リーダーはフロロカーボン5号を2mほど結ぶ。強めのシーバスタックルを用意していただきたい。

公園だからといって甘く見ずに、ライフジャケットを着用し、滑りにくいシューズを用意したい（2014・10／佐藤）。

54

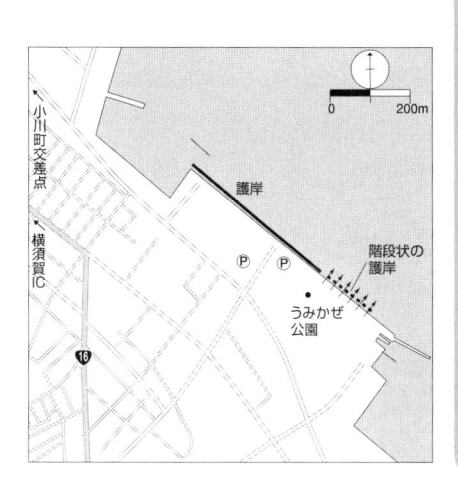

うみかぜ公園 横須賀市

メバル

お手軽エントリーで25cmクラスの良型も

GUIDE
- 釣期　2月～5月上旬。
- 交通　横浜横須賀道路・横須賀ICより本町山中有料道路経由で約15分。電車は京浜急行本線・県立大学駅下車徒歩15分。駐車料金は1時間310円、2時間以上620円。
- 問合先　キャスティング横浜磯子店（☎045-271-6897）。

メバルはルアーでねらえる身近なターゲット。横浜から横須賀エリアでは例年2月から5月の連休辺りまでが、1年で最も釣りやすい時期だ。

横須賀市の日の出町から馬堀海岸にかけてはメバルの数が多く、ルアーやウキ釣りで手軽に楽しめるポイントが点在している。アベレージサイズはちょっと小ぶりで15cmほどだが、2ケタ釣果もねらえる人気エリアだ。

うみかぜ公園はこの一帯でもアベレージサイズがひと回り大きく、20～25cmの良型も混じる一押しのポイントだ。公園内には24時間利用できる有料駐車場があるので便利。また、近くにトイレや自販機もあるので、子ども連れや女性でも安心して釣りが楽しめる。

公園内の岸壁は全長600mほどあるが、変化があり釣果が期待できるのは海に向かって右側3分の1のエリア。左から進むと垂直な岸壁が終わり、階段状に海に落ちる護岸に変わる。この辺りから海底には根が点在し、好ポイントが続く。一番右奥の放水口の小さな堤防までは、水深こそ浅

いもののメバルのエサが溜まりやすく釣果が期待できる。

また、沖の石積み周りも見逃せないポイントだ。メバルはもちろん、外道でカサゴ、ソイ、アイナメが混じる。

足場は低く、フラットな釣り場なのでロッドは7～7.6フィートが使いやすい。メインラインはフロロカーボン2ポンド。これにフロロカーボン4ポンドを40cmほど取ってリーダーとして結ぶ。

これからのハイシーズンなら、ミノーやシンキングペンシルなどプラグでねらうのが面白い。効率よくメバルにアピールできて、手返しも早い。タマヅメの貴重な時間を無駄にすることなくねらえる。私のおすすめは、満潮時はブリーデン「ミニマル50」、干潮時はバスデイ「ビートイート55S」。水位によって使い分けている。

もちろん、定番のジグヘッドもお忘れなく。0.5gと1gを使い分ける。風がなければ軽いほうがアタリは多くなる。プラグでねらえない時や、手堅くアタリをもらえるはずだ（2014．5／川瀬）。

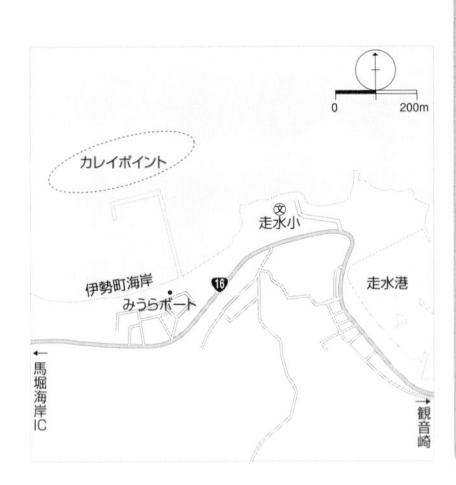

伊勢町海岸 横須賀市

マコガレイ

一度釣ったら虜になる肉厚マコ

GUIDE
● 釣期　10月下旬～11月。
● 交通　横浜横須賀道路・馬堀海岸ICを降りR16を右折して伊勢町海岸へ。
● 問合先　みうらボート（☎ 046-841-5626）ボート料金1人4000円。7～15時半。

東京近郊でのカレイ釣り場は東京湾の横須賀周辺に集中している。この辺りでは冬の間はワカメ棚が設置されているのでポイント選びのよい目標になるが、当然、ワカメ棚への係留や接近は禁止。

カレイの独特なアタリと重厚な引きは多くのボート釣りファンを魅了している。さらに、釣りものが少なくなる冬期にねらえることもありがたい。カレイ釣りの釣期は長くて、10月から翌年の5月前半くらいまで。ただし、1～2月の産卵期はアタリが遠のき、あまりよい時期とはいえない。やはり、11月前後がシーズン前期の盛期となる。

とはいっても、昔のように10、20尾と数が釣れるわけではない。2～3尾も釣れたらできすぎだろう。今や1尾顔を見ることができたらよいほうである。ということはオデコも当たり前。北からの風波の中、いつくるか分からないアタリを、狭いボートの中でひたすら待つのだ。ハタからみたら信じがたい行為だが、それでもファンは通い詰める。それほど肉厚マコガレイの食味と釣り味はたまらない。

伊勢町海岸の釣り場は防波堤と離岸提のおかげで、ボート乗り場になる砂浜に波がほとんど立たない。ポイントも近いのでビギナーでも安心してボート釣りができるお手軽釣り場だ。

ポイントが分からない場合は、ボートに乗る前にスタッフに聞いておこう。あとは、エサのアオイソメをハリにできるだけたくさん付けてアピールすること。また、ビーズなど光り物が付いているハデハデ仕掛けも効果的だ。

基本の釣り方は、1人2～3本のサオを使う待ち釣りとなる。1～2本のサオを置くのが一般的。あまり移動しないで一度ポイントを決めたら1ヵ所で粘ったほうが無難だ。

ただ、北向きなので波の高い日はもとより、北風の強い日も釣行を避けたほうが賢明である。また、海面でのバラシを避けるためにも、40㎝オーバーの巨大マコガレイを待ち構えるためにも、ランディングネットを絶対に忘れないようにすること

（2014・12／須藤）。

56

観音崎 横須賀市

シロギス

小磯から置きザオで良型を

GUIDE
- 釣期　5月下旬～6月。
- 交通　横浜横須賀道路・馬堀海岸ICを降りR16を観音崎方面に向かい5分ほどで釣り場。
- 問合先　ポイント横須賀大津店（☎ 046-828-1161）。

地図注記：
- 手前は海藻・岩礁帯なので巻き取りは素早く　距離70～100m付近は砂地
- 三軒家崎
- なぎさ食堂
- 観音崎レストハウス
- Ｐ（平日無料、休日有料）

朝晩の冷え込みがすっかり和らいで日中はシャツ1枚でもすごせる陽気になってきた。釣りにも最適な季節で、気軽に行きたくなる人も多いだろう。観音崎の磯場は、県立観音崎公園の敷地内でトイレ・売店・食事処があり、家族連れにも最適だ。磯場からの釣りになるが、足場は比較的平らで、磯遊びがてらでも楽しめる

春先に訪れた時はカジメなどの海草が生い茂り、アイナメの30cmオーバーも顔を出し、順調に春に向かっているのを感じた。シロギスもポツポツ釣れていたので、5月下旬には良型が釣れ出すだろう。ここは潮の流れが速いので、1本ザオの置きザオがおススメだ。そして時々手前にサビく程度の誘いを掛け、アタリを待つ。むやみにサビいてしまうと根掛かりを誘発するだけなので、じっくり構えていただきたい。

ある程度流したら投げ返し、仕掛けやハリ先を確認したい。途中で根や障害物などに引っ掛かった時は、すぐに外そうとせず、少しアタリを待つ。そういう所に良型のシロギスが潜んでいることが多いからだ。

仕掛けはシンプルに1本バリ。ハリは丸海津10号、ハリスはフロロカーボン3号50cm。ヨリイトにはフロロカーボン5号を30cm。シグナルテンビンと浮き上がりが早い発泡オモリを使うとよいだろう。

エサはアオイソメで充分。タックルはオモリ負荷25号程度の投げザオに、ドラグ付き投げ専用リールが望ましい。大きなドチザメやヒガンフグが掛かるとサオごと持っていかれるので、ドラグを緩めておくことをお忘れなく。ライフジャケットやブーツなど、装備もしっかりして臨みたい（2015.7／神崎）。

磯遊びができるくらいの小磯で意外にも良型シロギスが掛かる

鴨居港　横須賀市

マコガレイ

ボートで夢のジャンボサイズを

GUIDE

GUIDE
- 釣期　11月下旬〜12月。
- 交通　横浜横須賀道・馬堀海岸ICを降りて右折。海沿いを鴨居方面へ。
- 問合先　さいとうボート（☎ 0468-41-3924）。

昨今はボートの釣り場やボート店自体が少なくなったうえに、冬場は休業する店もある。冬期のボート釣りはターゲットも釣り場も限られる。そんな中、相変わらず人気なのがカレイだ。

人気の秘密はやはり釣りごたえにあると思う。コツンとした小さなアタリの後に、ぐるりんと反転し、巻き上げ時はサイズにそぐわない重量感をともなって抵抗する。40cmオーバーのジャンボなら経験しがたい興奮を味わわせてくれる。

カレイのシーズンは10月から5月までと半年あまりに及ぶが、ここでは厳寒期の鴨居港の釣り方とポイントを紹介したい。

釣り方の基本は、2〜3本の複数ザオの待ち釣りになる。余裕があれば1本は手持ちにして、セオリーどおりの小突きと聞きアワセで釣りたい。置きザオは、たまに聞きアワセをする程度で、できるだけ仕掛を動かさないのがミソだ。ラインのたるみもそのままにする。

仕掛けはアピール度重視の派手な仕掛けがよい。そして、付けエサもアオイソメやイワイソメなどの太くてしっかりとしたイ

ソメ類をハリいっぱいに房掛けする。タックルは、シロギス用ロッドでも問題ないが、リールは巻き上げ力のあるベイトタイプのほうが有利だ。

アタリがあったら、即アワセはしないで2〜3秒待ってから大きく合わせること。しっかりしたアワセをしないとスッポ抜けの原因になる。アタリに焦ってアワセを忘れないように。

ポイントは港のすぐ外に設置されているワカメ棚周辺。もちろんブイなどへの直接係留は禁止。水深は5〜10m。沖側がよいか岸よりがよいかはその日による。浅場で超大ものがヒットすることも珍しくない。

厳寒期のカレイ釣りの一番のコツは、一度ポイントを決めたら移動しないこと。この時期のカレイのチャンスタイムは1日に一度か二度といったところ。その時に移動していては元も子もない。

鴨居港は北側に張り出している観音崎のおかげで、冬でも比較的暖かく釣れる釣り場だ。まずは、ジャンボマコ1尾ゲットを目標にしてみよう。ランディングネットも忘れずに（2014.1／須藤）。

三浦海岸 三浦市

クロダイ
渚で乗っ込みを迎え撃つ

GUIDE
- 釣期　4月下旬〜5月。
- 交通　横浜横須賀道路・佐原ICを降りて県道27を南下。野比駅入口を右折しR134を南下して釣り場へ。
- 問合先　エサの釣り王（☎046-874-5522）、キャスティング横浜磯子店（☎045-271-6897）。

三浦海岸の菊名海水浴場周辺は、駐車場もすぐそばで、トイレ、自販機もばっちりのお手軽釣り場だ。渚釣りでは産卵とエサを求めて浜に接岸する大型にねらいを絞れる利点がある。大型を手にしたいなら、渚クロダイがおすすめだ。

三浦海岸は三浦半島の東側に位置する。渚釣りにとって最も重要なのは風向きだ。渚を背にできる場所を選べるかどうかで釣果が大きく分かれる。風を背にすることで、波打ち際にラインが取られないようになる。また、渚釣りではねらうポイントが遠い。追い風のほうがキャストしやすいし、寄せエサも遠くまで運べる利点がある。

釣り座は地形の変化のある所をねらいたい。流れ込みや沖にハエ根があるポイントがおすすめだ。釣り座①は、右側に根と流れ込みがあり好条件がそろっている。昨年の4月中旬には48㎝を手にしている。

南の風が入り、横風が強い場合は少し南下して②もおすすめ。右手にある小磯も実績ポイント。カケアガリが近くねらいやすい。カジメがけっこう生えていて、その切れ目に寄せエサを撒いてねらうとよい。

渚で使う配合エサは濁りに強く、比重の大きなものがよい。マルキユー「Bチヌ遠投」などがよいだろう。これにオキアミ3kg、サナギ粉を混ぜている。

三浦海岸は遠浅で30〜40mの遠投が必要。ウキは固定でも全遊動でもよいが、ポイントにしっかりと届けられるものを選びたい。波に隠れても見やすいようにトップが視認性に優れたものとなおよい。あとは通常のウキフカセタックルでOK。

最後に、三浦海岸は暖かくなると水辺で遊ぶ人が増える。海開き中の釣りは難しいだろう。（2015・6／鷲尾）

釣り座①付近には岩礁帯があり、魚の付き場になっている

金田湾 三浦市

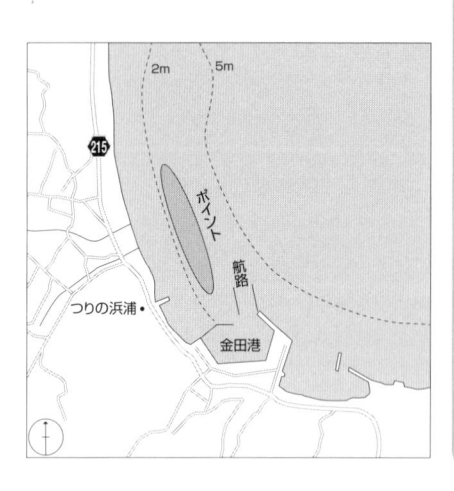

イイダコ

ボートビギナーにも安心のお手軽釣り場

GUIDE

● 釣期　9月下旬〜10月。
● 交通　横浜横須賀道・佐原ICを降り県道27、R134で三浦海岸信号を海沿いに左折で金田湾へ。電車は京急・三浦海岸駅から剣崎行バスで三浦豊園入口バス停下車すぐ。
● 問合先　つりの浜浦（☎ 046-888-0597）エサ仕掛けあり。ボート料金1人乗船3600円（土日祝日4500円）。午前6時受付開始、午後3時帰港。

三浦半島・金田湾の南端に位置する金田は、ボート釣り場としては超メジャーなエリアだ。ここでは秋になるとイイダコのシーズンを迎える。イイダコファンには見逃せない。

ポイントはボート乗り場の目の前。水深は2〜3m。砂浜から近いため、ボートに慣れないビギナーやチビッコも安心して楽しめる。おまけにトイレや駐車場も近いお手軽釣り場なのだ。

タックルは、シロギス釣りのサオやリールの流用でOK。ラインの先にイイダコテンヤを付けるだけの簡単な仕掛けで、超楽ちんだ。

釣り方は、テンヤを軽く投げ、小突きながら誘ってグッと重みを感じたら素早く一定のスピードで巻き上げる。これが基本のパターン。イイダコがバリバリ乗るようなベストシーズンなら、エサを使わないイミテーションのテンヤでも問題なくヒットする。しかし、食い渋りになると豚の脂などの生エサを使ったテンヤのほうが、やはりアタリは多い。

それから、イイダコスッテも食い渋り時には有効。ウキスッテなので、カンナの部分が浮いて根掛かり防止になるし、ゆらゆら動いてヘタな小突きより効果的だ。テンヤとスッテを連結する手もある。ただし、やや乗りが分かりづらくなり、入れ掛かり時は手返しが悪く、かえって数が伸びなかったりするのであまりおすすめはしない。

ほかにもカンナから20cmくらいのハリスでエサ付きのハリを1本出す手もある。食い渋り時はいろいろ試してみよう。

重要な食い渋り対策はやはりポイント。最初からアタリが少なかったり、アタリが止まった場合は頻繁に場所移動すること。特にシーズンの前後は群れが小さかったり散らばったりしているので、場所移動で手を抜くと数は伸びない。

あとは、釣ったイイダコが逃げないようにしっかり対処することが肝心。小さな投入口のあるクーラーが使いやすい。なければバケツにコンビニ袋をかぶせて、しっかりテーピングして、袋の真ん中に穴をあけるのが一番簡単で効率的だ（2014・11／須藤）。

金田湾 三浦市

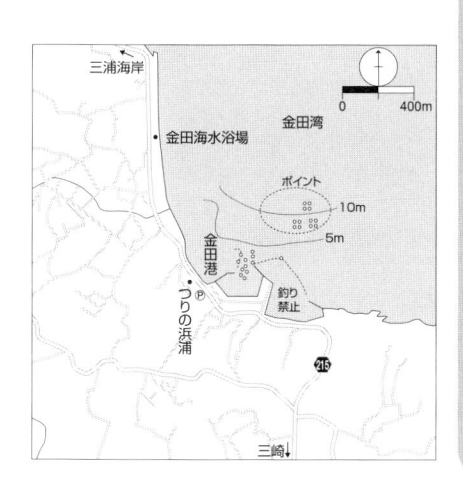

シロギス、マゴチ

シロギス→マゴチのわらしべ釣法

GUIDE
- 釣期 5月下旬～6月。
- 交通 横浜横須賀道・佐原ICを降りR134で三浦海岸信号を海沿いに左折で金田湾へ。電車は京急・三浦海岸駅から剣崎行バスで三浦霊園入口バス停下車すぐ。
- 問合先 つりの浜浦 ☎046-888-0597 エサ仕掛けあり。ボート料金1人乗船3600円(土日祝日4500円)。午前6時受付開始、午後3時帰港。

5月下旬からはボートシロギスのベストシーズン。今釣らないと後はないといっても過言ではない。

しかし、小ものの数釣りはどうしても単調になりがち。そこでボートのシロギス釣りにお約束のマゴチもねらわない手はない。サオなどのタックルはシロギスとほぼ同じなので、シロギスタックルが2組あればOKだ。

マゴチ仕掛けは片テンビン。2mのハリスでエサを海底から離さないようにするのがコツ。本命ポイントは水深7～8m。だが、まず朝に浅場でエサになるメゴチか小型のシロギスを確保してから本命ポイントへ移動したい。

エサ釣りの場合、2本ザオにして1本は当然ながら置きザオにする。置きザオのほうがメゴチのヒット率は上がる。だが、個人的にはメゴチよりもシロギスのほうがマゴチの食いはよいと思う。濁った海底ではシロギスの白い魚体が目立つはずだ。エサは数尾もあれば、とりあえず間に合う。本命ポイントでは、シロギスを釣りながらマゴチをねらうパターン。釣り方は、ア

ンカーリングよりも流し釣りのほうが釣りやすく、ヒット率は高くなる。だが、イケスや定置網などの障害物の多い釣り場のため、流し釣りは上級者向き。また、流し釣りをするにはシーアンカーが必須アイテムだ。

アンカーリングする場合、アンカーロープを全部出してボートの振幅を大きくして広い範囲をカバーできるようにすると、流し釣りと同じような効果が期待できる。ただし、近くにほかのボートや船がいる時は、自分のボートの流れる向きを把握してからアンカーを下ろすこと。同時にロープの長さも考慮しないと近くのボートのアンカーロープに仕掛けが絡む場合もあるので充分に注意したい。

マゴチは1～2尾ゲットできれば上出来。だが、シロギスはそれなりに釣れるのでお土産の心配はないと思う。どちらにしても穏やかなナギがマゴチ日和だ。ちなみに、釣具店が貸しボートも営んでいるため、特殊な釣り具以外は現地で購入可能。ライフジャケットは無料でレンタルできる(2014.7/須藤)。

油壺マリーナ 三浦市

メバル

ヨットの陰からメバルがゾロリ

GUIDE
- 釣期　11月下旬〜12月。
- 交通　横浜横須賀道・衣笠ICを降り県道26、R134を三崎方面へ。県道26で油壺入口の交差点を右折、県道216でシーボニア入口バス停先の信号を右折。
- 問合先　えびすや　☎ 046-856-7723

三浦半島の諸磯湾にある油壺マリーナ。港の奥には魚が隠れやすいヨットが多数係留されている。そのうえ流れ込みがあり、魚が好む環境が整っている。ターゲットはクロダイが人気だが、冬から春にかけてはメバルがねらえる。寄せエサを撒いてウキフカセ釣りが面白く、5〜10尾の釣果が期待できる。

道路横の岸壁はねらう人が少なく穴場。釣り人はルアーファンが探りに来る程度だ。水中にある護岸跡からサオをだせば、どこからねらっても釣果に差はないだろう。寄せエサを入れる前に護岸の切れ目をねらうことが大切だ。堤防際を回遊するメバルが数尾釣れるチャンスである。

寄せエサを護岸の切れた3〜4m先へ打ち、ヨットの下にいる魚や水路の周辺に集まる魚をおびき寄せる。潮の動きが緩いの大半は投入位置から約3m以内に沈む。寄せエサと仕掛けを同調させながらねらっていく。魚が付けエサを口にした時に感じる違和感を最小限に抑えることが大切だ。ハリスへ打つガン玉のサイズはこまめに調

整し、浮力抵抗をぎりぎりに抑える。ウキはアタリがどうにか見える程度にすることが重要だ。

活性が高いとメバルは上層まで浮上して食うことが多い。そこでウキ下は一定にせず、広範囲のタナを探る必要がある。水深は1.5〜3mと浅いが、クロダイや小、中メジナも多い。状況次第ではヒットすることもある。

普通メバルねらいでは、ハリスの太さは0.8〜1.2号。だがクロダイや小メジナが掛かることを考えると、1.5〜2号を使ったほうが安心だ。

また、口の大きいメバルはクロダイに使用するハリでも充分通用する。がまかつ「寒グレ」5〜6号や「TKO」の5〜6号を兼用するとよいだろう。

寄せエサはアミエビと配合エサのマルキユー「チヌパワー」を混ぜればよい。エサ取りが多い時は、これにオキアミを少々加えるとメバルの食い気が上がる。付けエサはオキアミとアオイソメを用意する。生きたモエビを持参できればなおよい。

(2014.1／大野)。

別荘下 三浦市

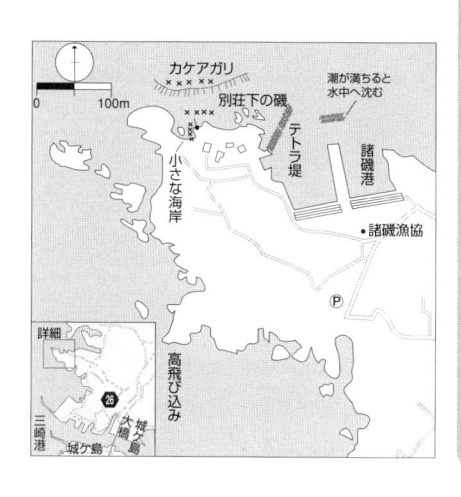

メジナ

穴場化しつつある名ポイント

GUIDE
- 釣期　12月下旬〜1月。
- 交通　横浜横須賀道・衣笠ICを降り県道26、R134経由で三崎方面へ。県道26に入り右手に見える湘南信金先の信号を右折して釣り場へ。
- 問合先　えびすや（☎ 046-856-7723）。

別荘下と呼ばれるこの磯は、クロダイ混じりでメジナがねらえる好釣り場だ。昔は釣り人の絶えない人気ポイントだったが、近くの高飛び込みの磯があまりに有名になったためか、最近はねらう人が少ない。釣り座の13〜15m沖にあるカケアガリの水深は2.5〜4mとやや深く落ち込む。そこから手前は1〜2mと非常に浅い。

干潮時はカケアガリの先、満潮前後は手前をねらう。ただし、濁りが入っている時は1m以下の水深でも食ってくるため、手前がポイントになることも。中潮や大潮回りで、満潮時が夕マヅメから夜に重なるとなおよい。

カケアガリの先をねらう場合、寄せエサをカケアガリの3〜4m先へ撒く。そこから仕掛けを同調させながらウキを潮の動きに乗せて流す。ウキが沖や左右へ向かって流れる時は、寄せエサの投入位置から約10m先まで探るとよい。手前へ戻る時は、カケアガリのぎりぎりまでねらう。仕掛けが手前へ流れると根掛かりしやすくなるが、寄せエサがカケアガリの下に溜まることが多いのでチャンスでもある。

メジナと鼠型クロダイは、底から20cm以内のタナをメインにねらう。それ以上浅いタナは潮に濁りが入った場合に限られる。手前をねらう場合、釣り座より4〜5m先へ寄せエサを撒き、仕掛けを同調させながら潮の動きに乗せてウキを流す。

周辺の海底は砂地に沈み根が所々に点在する。魚を掛けた後のやり取りは、なるべくミチイトを出さずにサオの弾力を活かして取り込む。太仕掛けを使って対応するとよいだろう。使用するハリは寒グレ5〜7号を用意し、ハリスは1.7号以上が無難。寄せエサに多くのエサ取りが集まり盛んにエサを追う場合、本命の活性も高いと判断できる。

ハリスへ打つガン玉は7号〜Bまで幅広く用意。状況に応じて調整することが大切だ。寄せエサはオキアミとアミエビに配合エサのノリグレなどを混ぜる。魚の活性が低い時は、オキアミの割合を少なくすることが本命に付けエサを食わせるコツといえるだろう。付けエサはオキアミをメインに、食い渋り時に効果を発揮する大粒アミを用意するとよい（2014．2／大野）。

63

葉山沖　三浦郡葉山町

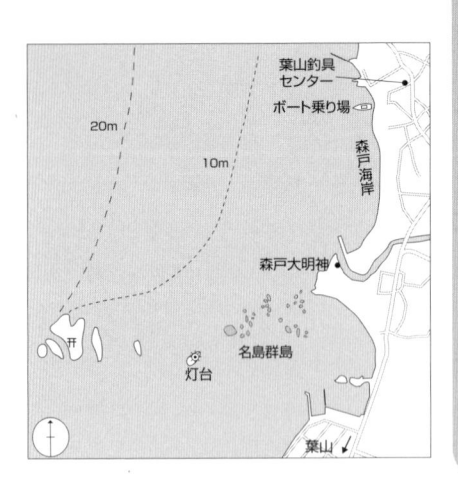

アジ

手前船頭でのんびり初夏を謳歌

GUIDE
- 釣期　5月下旬～6月。
- 交通　JR横須賀線・逗子駅または京急・新逗子駅から海岸まわり葉山行バスで元町下車すぐ。車は横浜横須賀道路・逗子ICから逗葉新道を経て海岸道路に入り葉山釣り具センターへ。
- 問合先　葉山釣具センター（☎ 0468-75-5700）。

　湘南・葉山周辺の海岸はマリンスポーツで賑わうエリアだが、ボート釣りもそのうちの1つである。メインになるポイントは名島群島。小さな島がいくつも並んだ複雑な地形で、さまざまな魚種が居着いている1級ポイントだ。ここでは、カワハギ、アオリイカ、マダイなど高級な魚をねらうことができる。だが、今回はアジをチョイス。釣り方は、アミコマセと付けエサにオキアミを使うコマセ釣り。アジをメインにサバやメジナなど、いろいろな魚が釣れるのでビギナーでも飽きずに楽しめる。7月になればワカシも交じり始めるだろう。

　仕掛けは、2本バリで2m前後のビシアジ仕掛けが使いやすい。また、ワカシねらいで市販品の仕掛けを使う場合、仕掛けの長さを2～3mに縮めたほうが、狭いボート内でも扱いやすくなる。オモリは30～40号。水深は20m前後だが、あまり軽いオモリを使用すると、沈下速度が遅くなりサバばかりがヒットしてしまうこともある。

　アジをねらう場合、タナは底から5mくらいまでだが、ベタ底ねらいではエサ取りが多くなる。ポイントは、名島群島の先端付近。ただし、水深25m以上の場所はアンカーロープが届かなくなる。絶対に深い所へ行かないように注意しよう。そして、アンカーを打ったらまず、ボートが止まったかを確認することが大切だ。ちなみに、ボート乗り場から先端のポイントまではかなりの距離がある。漕いで行くのは大変なので曳き船（有料）を利用しよう。

　曳き船は鳥居の近くまで引いてくれるので、そこから先端のポイントを目差せば楽ちんだ。帰りは鳥居近くに浮いている黄色いブイに係留していれば曳き船がピックアップしてくれる（2015・7／須藤）。

引き船サービス（有料）を利用すればポイントまでのアプローチが楽だ

64

相模川 高座郡寒川町

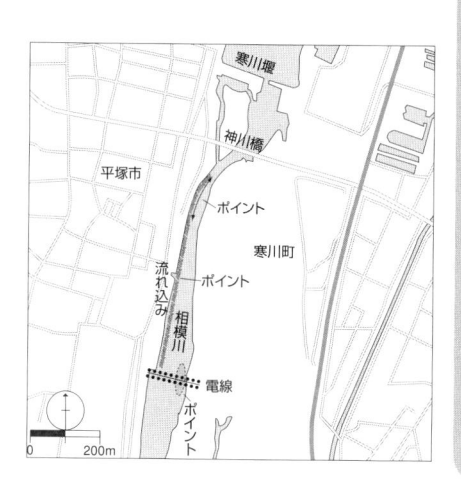

シーバス

落ちアユパターンでランカーねらい

GUIDE
- 釣期　11月〜12月。
- 交通　東名高速・厚木ICを降りてR129を南下。田村十字路を左折して神川橋へ。
- 問合先　アングラーズクラブ・ライズ（☎0463-24-3611）

神川橋下流域は湘南エリアでシーバスの実績が高い。このポイントは河口から約6km上流のエリア。平塚側の消波ブロック帯からと、寒川側の玉砂利からのアプローチになる。

アプローチのしやすさ、ヒット後のランディングのことを考えると寒川側からがおすすめ。このエリアのすぐ上流部には寒川大堰があり、堰から神川橋の区間は禁漁区になっている。シーバスがソ上できる釣り場としては最上流部にあたる。

紹介するのは神川橋下流域エリアのなかで1級ポイント。堰からの急流が波消ブロック帯に最初にぶつかる場所だ。ここは川底のブレイクと反転流、流れのヨレ、身を隠せる消波ブロック帯などが合わさったシーバスの捕食ポイントになっている。うまくポイントに入れればよいが、競争率が非常に高い釣り場である。先行者がいる場合は、数十m下流にある小さな流れ込み付近をねらうのもよい。ここもベイトフィッシュが溜まりやすく、シーバスも付きやすい。

さらに下流の通称 "高圧線下" は、川幅が広く、シャローフラットになっている。流れが緩やかになるエリアである。特に落ちアユシーズンは、産卵を終えた瀕死のアユが流されてきて溜まり、それを捕食するシーバスがねらえるポイントだ。

今年の相模川は落ちアユのシーズンがダラダラ続いているようだ。例年11月末には落ちアユパターンの最盛期は終了するが、今年は年末まで続きそうな勢いである。落ちアユパターンでは、フローティングミノーやトップウォータープラグを流れに乗せてナチュラルドリフトさせるのが定石だ。瀕死のアユをルアーで演出できるかがポイントである。

落ちアユシーズンに流れているアユのサイズを見ると、平均して15〜20cmが多い。選択するルアーも15cm以上のものを選ぶとよいだろう。産卵に絡んだランカーシーバスがねらえるので夢のメーターオーバーに出会えるかもしれない。

なお、相模川神川橋下流エリアはウエーダーを着用すると釣りやすい。もちろんライフジャケットは必ず着用すること（2014.2／野呂）。

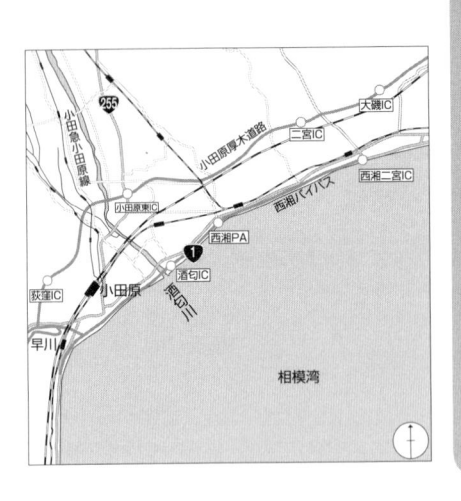

二宮〜早川 中郡二宮町〜小田原市

ヒラメ、マゴチ

イワシ接岸が告げる好機

GUIDE
- 釣期　9月下旬〜10月。
- 交通　西湘バイパス・西湘二宮IC、早川ICなどを降りてポイントへ。
- 問合先　アングラーズクラブ・ライズ（☎ 0463-24-3611）。

湘南・西湘エリアで人気が高いのはシーバスだが、ヒラメ・マゴチも面白い。最盛期はやはり5〜6月の梅雨から初夏にかけてだが、水温が下がり始める9月下旬から10月下旬にかけてもねらいめ。冬に向かう前の荒食いシーズンになる。

ここ湘南・西湘エリアは東の逗子海岸から西の小田原西湘海岸まで、相模湾をぐるっと囲むように数十キロのサーフエリアが広がる。どこもヒラメやマゴチのポイントとなるが、特におすすめなのが二宮〜小田原早川の区間だ。比較的水深もあり、海底は変化に富んでいる。岩礁帯エリアも存在し、酒匂川を始め大小いくつもの河川が流れ込んでいる。ベイトフィッシュも豊富で魚のよい付き場になっている。

例年、秋シーズンのメインベイトはイワシ。同ポイントでシラス漁が行なわれている光景をよく目にするが、このような時はチャンス。シラスと同時に成魚のイワシも接岸してくるからだ。

初秋の湘南・西湘の攻略法は、重めのジグヘッドリグで、シャッドテール系のワームをセットして波打ち際を丹念に探っていくこと。

ヒット後、マゴチは頭を振って抵抗する。ジグヘッドは非常にバレやすく、貴重な魚を逃してしまうことが多い。伸びのあるナイロンラインを使うと、頭を振った時の振動を吸収してくれるので、ヒット後のバラシをかなり軽減できる。

ジグヘッドは私の場合、エコギア「スイミングテンヤ」シリーズを愛用している。フックの刺さりが非常によく、口の硬いマゴチでもしっかりとフッキングできる。ワームはエコギア「パワーシャッド5インチ」を使っている。

最後に、湘南・西湘エリアのマゴチ・ヒラメねらいはとても人気が高い。そのため、朝夕のマヅメ時は、1級ポイントに入るのは難しいかもしれない。しかし、意外に一番よい時間をわざと外して帰る頃の朝夕の時間帯が、プレッシャーも軽減されヒットすることも多い。こんな裏技もおすすめしたい。

まずはベイトフィッシュとなるイワシの動きに注目して、ポイントに出掛けてみよう（2014・11／野呂）。

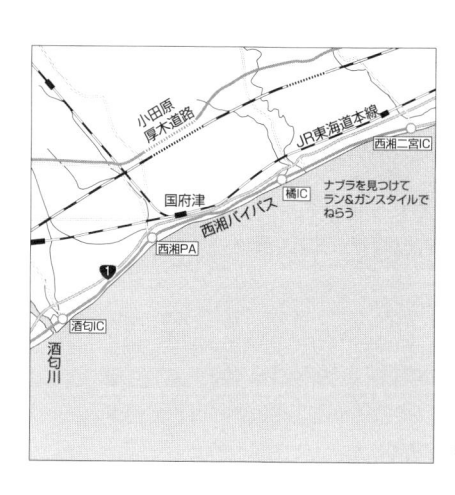

湘南〜西湘　中郡二宮町〜小田原市

青もの

広大なサーフを
ラン&ガンスタイルで

GUIDE
●釣期　7月下旬〜9月。
●交通　西湘バイパス・西湘二宮、橘、国府津、酒匂の各ICを降りて釣り場へ。
●問合先　アングラーズクラブ・ライズ（☎ 0463-24-3611）。

湘南〜西湘にかけてのエリアはシーバスで有名だが、夏から秋にかけては青ものが人気ターゲットだ。ワカシ、イナダ、サバ、ソウダガツオ、シイラといった魚種がねらえる。

湘南から西湘にかけてのエリアは、どこでも青ものがねらえる。特におすすめしたいのが西湘地区にあたる二宮梅沢海岸から小田原酒匂川の区間だ。比較的水深もあり、海底の起伏は激しい。岩礁帯も存在し、大小いくつもの河川が流れ込んでいる。ベイトフィッシュも豊富だ。地形の変化や河川の影響で潮目ができやすく、青ものの回遊ルートになっている。

梅雨明けを迎える頃からメインベイトのイワシが接岸しだし、それを追って青ものが接岸するのがシーズナルパターンだ。最盛期はやはり夏本番の8月上旬〜9月下旬になる。

海岸にエントリーしたら、まずナブラを捜すことが大事だ。ベイトフィッシュを捜すことが青ものに出会う最短距離である。1個所に絞って粘るのではなく、ラン&ガンスタイルでねらいたい。時間帯は早朝が

ねらいめ。

ロッドはライトアクションで9〜10フィートの長めを使うと、距離が稼げて有利。リールは3000〜4000番のハイギヤタイプを使いたい。ルアーを水面直下で高速リトリーブするので、どうしてもハイギヤが有効だ。また、PEラインを使うと飛距離が出る（0.6〜0.8号がおすすめ）。私はバリバス「アバニ シーバス PE マックスパワートレーサー」シリーズを愛用している。

ルアーは20〜60gのメタルジグがメインになる。ターゲットのナブラが近場で見られる時は、ジグよりもトップウオータープラグが有利だ。

夏場の釣りなので、どうしてもハーフパンツにサンダルといった軽装で釣りたくなるものだが、暑くてもウエーダーの着用をおすすめしたい。というのもサンダルのようなタイプでは、足に砂が絡みつき、擦れて痛いし、とにかく歩きにくいからだ。集中して釣りをしたいならウエーダーを着用したい。なお、熱中症対策に水分補給もお忘れなく（2014・9／野呂）。

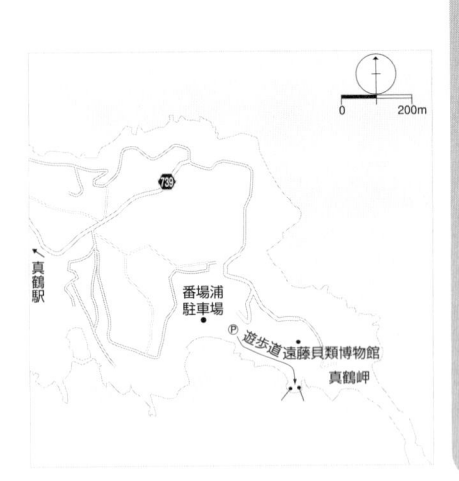

カワウソ 足柄下郡真鶴町

メジナ

クチブト、オナガともに良型実績あり

GUIDE

- 釣期　10月下旬～11月。
- 交通　西湘バイパスを経由し石橋ICを降り、R135で真鶴駅前を左折。県道739から番場浦駐車場へ。駐車場からは徒歩で遊歩道を降りて釣り場へ。
- 問合先　あおき釣具店（☎ 0465-68-3001）。

真鶴半島の先端付近に位置する、カワウソと呼ばれるこの釣り場は、駐車場から磯場へと続く遊歩道があり、入釣ルートも分かりやすい人気の場所だ。ただし満潮時は水没個所が多いため注意が必要。

潮通しがよく、クチブトメジナ、オナガメジナともに良型の実績がある。特に朝夕マヅメは予想外の大ものがヒットする可能性がある。

しかし、日中は手の平から足裏サイズまでがいいところ。人気釣り場のせいか警戒心の強いメジナが多いが、繊細なアプローチを楽しめるのもよい。

この時期は大群の小型メジナが水面の寄せエサに群がってくるので、比較的簡単に数釣りできる。小さくてもなかなかパワフルでシャープな引きを楽しませてくれるが、小型メジナの下には良型が潜んでいる。大きなサイズをねらう場合、この時期はテクニックが必要だ。

磯でのウキフカセ釣り最大のメリットは、繊細な仕掛けで警戒心の強い魚に挑めることだ。磯ザオの長さと弾力を活かすことで、極細仕掛けでも大きな魚を釣ること

ができる。レバーブレーキリールの役割も大きく、どんなに引かれてもドラッグやレバーによる逆転でイトを出してやれば、理論上はどんな大ものがきてもへいちゃらだ。

しかし、メジナはパワーと瞬発力で根に潜り込むし、オナガメジナは鋭い歯やエラでハリスを切ってしまう。そのため大ものを釣るには苦労する。

タックルは磯ザオ1号、ハリスは1.5号を2ｍと少々繊細な仕掛けがおすすめ。足もとから水深のある場所だが、この時期メジナはタナが浅いことが多い。できるだけ軽い仕掛けを使うとよい。

私は00浮力のウキを使い、ハリスにガン玉を使わないノーシンカー仕掛けでねらっている。良型を釣るには高度なコマセワークが必要なので、戦略をあれこれ考えるのも楽しい。

秋はメジナ以外に、青ものなどのパワフルな魚をひったくることもしばしば。繊細なタックルをフルに操って、スリリングなやり取りを堪能してみよう

（2014.12／鷲尾）。

戒崎 足柄下郡真鶴町

メジナ

近郊で手にする ビッグドリーム

GUIDE

- 釣期　1月下旬～2月。
- 交通　東名高速・厚木ICから小田原厚木道、西湘バイパスを経由し石橋ICを降りる。R135を真鶴方面へ。真鶴駅前を左折し美術館の向かい、石の広場駐車場へ。
- 問合先　あおき釣具店（☎0465-68-3001）。

釣り人と魚の境界線である水際。中でも厳しい環境といえる磯の釣り場は、必要とされる知力と体力が格段にアップする。天候を読み、風に逆らい、波しぶきをあびる……忘れかけていた野性が目を覚ます。そんな釣りを存分に味わえるのが戒崎。ここは景観も素晴らしい。釣り場に着いたらまず右側の赤壁を眺めてほしい。近郊にこれほどの場所があるのかと感心するだろう。

釣り座は全体に高く、赤壁側は10m以上ありおすすめできない。ウキフカセ釣りができなくはないが、一段低くなった場所でも7m以上あり、大変取り込みにくく危険も伴う。高い場所では抜き上げるか、落としダモが必要だ。おすすめは海に向かって左端で、足場も低くて平らなので釣りやすい。水深は足元からどん深で10m前後。周りの地形から推測すると底には大きなゴロタが敷き詰められているようだ。メジナの格好の住処になっているに違いない。

足もとは大きくえぐれており、良型ねらいのセオリーともいえる磯際を重点的に探れる。また、水深があるので警戒されにくいのか、明るい時間帯でも良型がねらえる。

真鶴半島の東側に位置するため冬は日が当たりにくく、タマヅメが早く訪れる傾向もある。だが、何よりやっかいな西風に強いことがありがたい。

仕掛けは釣り座によって大きく変える必要がある。タモが使える場所では繊細な仕掛けでOKだ。足場が高い釣り座では、風によるイトフケを出さないようにすることがアタリを数多く出すコツだ。掛かったメジナは一気に足もとへ突っ込んでくるため、サオでためながら素早くリールを巻き上げて底から離す。突進の力を上に向かせるイメージだ（2015・3／鷲尾）。

1月上旬の釣行で手にした46cm

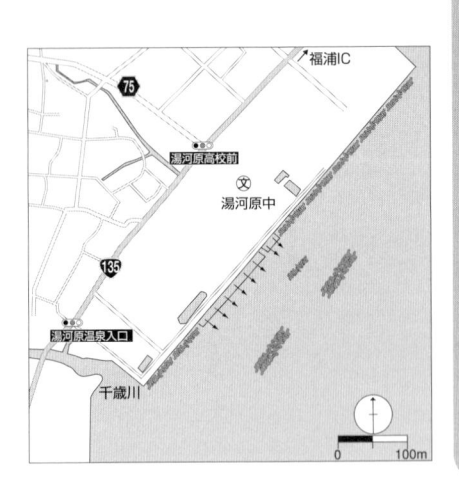

湯河原高校裏 足柄下郡湯河原町

アオリイカ

足場がよくファミリー釣行にもおすすめ

GUIDE

- 釣期　3月下旬〜6月。
- 交通　西湘バイパス・石橋 IC から R135 経由で真鶴道に入り福浦 IC を降りる。R135 で湯河原中学校方面へ。駐車は付近のコインパーキングを利用。
- 問合先　アングラーズクラブ・ライズ（☎ 0463-24-3611）。

真鶴半島西側の付け根に位置する、通称"湯河原高校裏"は、千歳川近くに目印になる校舎が見える。今では湯河原中学校となっている。その中学校の裏手がポイントだ。千歳川のもたらす影響は大きく、ベイトフィッシュの回遊も多い。アオリイカの回遊ルートの好条件の1つになっている。足場がよいステージ状の堤防と、その堤防を挟むようにある消波ブロック帯がねらいめ。

堤防前はハードボトムで海藻も生えやすく好ポイント。だらだらと続く遠浅の海底の沖には、ドンと落ち込むディープエリアが控えている。これから産卵期を迎える大型のアオリイカが入って来る。

堤防は足場がよいだけではなく、落下防止柵も整備されている。そのため、ビギナーや親子連れ、釣りガールにもおすすめのポイントだ。スニーカーでのエントリーも可能だが、ライフジャケットの装備はお忘れなく。

落下防止柵があるため、水面までは高さがある。少々釣りにくいと感じるかもしれない。そこで、ロッドは8フィート以上のロングロッドを使いたい。餌木のアクションが楽になる。

ロングロッドを使用することで餌木の飛距離も稼げる。周りのアングラーよりも遠くに餌木をキャストできれば、プレッシャーの高い関東でのエギングでは強い武器になる。ちなみに私は、ノリーズ「エギングプログラム ダートトライアル DT90M」という9フィート前後の磯ダモを愛用している。また、足場が高いので、ランディングの際には4.5m前後のロッドが必要になる。

これからのシーズンは、メバル、ヒラスズキもねらえる。タックルボックスにミノーやワームを忍ばせておくとよいだろう。このポイントのハイシーズンは3月後半から6月後半までと長い。水深があるポイントではないので、潮位を確認してからエントリーしたい。

ねらいめは上げから下げの時間帯。中潮や大潮の潮回りで、明るい時間帯よりも暗い時間帯に潮が大きく動く日が特におすすめ。かなりの高確率で大型アオリイカと出会えるだろう（2014・5／野呂）。

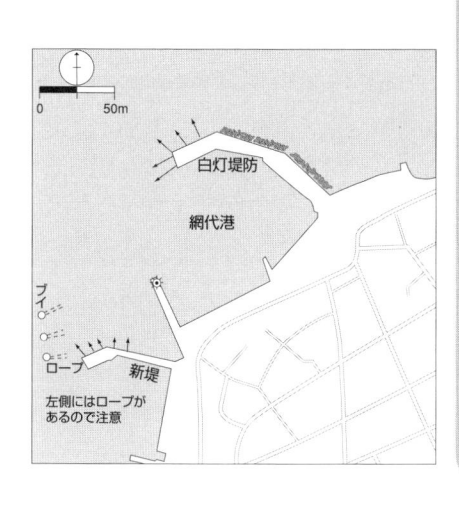

網代港 熱海市

アオリイカ
ロングロッド＆4号餌木

GUIDE
● 釣期　4月下旬～5月。
● 交通　東名高速・厚木ICから小田原厚木道経由でR135を南下し網代港へ。
● 問合先　イシグロ伊東店 ☎ 0557-44-5666

アオリイカは上昇し始める水温に合わせて行動を開始する。適水温は18℃あたりからだ。それまでは昼間は水温の安定する深場にいて、暗くなるとエサを捕食するため浅場を回遊する。網代港の港内は水深があり、水温が安定しているのでアオリイカのストック量が多い。港内には停泊船やイケスがあり、係留ロープはアオリイカが回遊する際に立ち寄る場所になる。また、浅場も隣接するので夜の捕食エリアもしっかりある。1個所でさまざまな状況に対応できる、この時期には外せないポイントだ。

夜にエギングを楽しむ場合のキモは、餌木を目立たせること。おすすめはフィッシュリーグ「ダートマックス」4号。大きなボディーを使用することでアピール力を高めている。自重もあり底取りもしっかりできる。夜釣りでは底をはっきりと感じながらアピールできることはプラス要素だ。

夜釣りではあまり大きくシャクったり、派手に餌木を動かすのではなく、ゆったりとした幅広いジャークで誘うとよい。ロングロッドを使用すると餌木にこういったアクションを加えやすい。私はノリーズ「エギングプログラム ダートトライアル DT90M」を使用している。9フィートあると軽くゆったりとしたシャクリでも餌木は充分に動いてくれる。さらに飛距離も稼げる。スレていないエリアにアプローチできるため、ヒットチャンスも倍増する。

水温が上昇してくるとイワシやキビナゴの回遊も見られ、アオリイカに出会えるチャンスはさらに大幅にアップする。

4月1日～9月30日の間、東伊豆エリアは禁漁区となるポイントがたくさんある。網代港は禁漁区外なので、安心して釣りを楽しんでほしい（2015.6／野呂）。

釣り人が多い漁港では遠投がキモ。沖めでヒットした良型

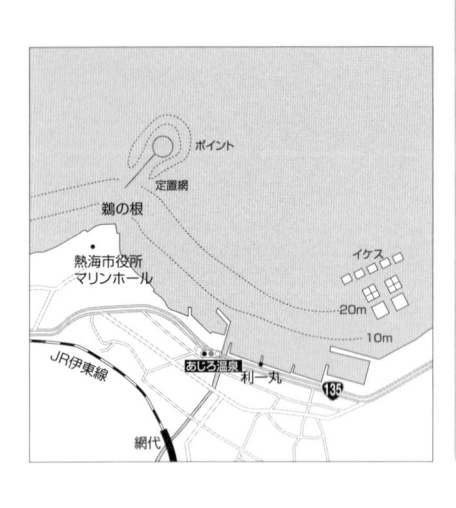

網代港 熱海市

青もの

日替わりでターゲットの顔ぶれが変わる

GUIDE
- 釣期　7月下旬～8月。
- 交通　東名高速・厚木ICから小田原厚木道に入り、R135を経由して網代へ。電車はJR伊東線・網代駅下車徒歩5分。
- 問合先　利一丸（☎0557-68-1677）。

盛夏になると青ものシーズンがスタート。しかし、まだ手漕ぎボートで大ものをねらえる時期ではない。ならば今の時期はたくさんのお土産が望める五目釣りで楽しい時間を過ごしてみよう。

ターゲットになるのは、マアジ、マルアジ、マサバ、ゴマサバ、ヒラソウダ、マルソウダ、ワカシなど。ヒットする魚種は日替わりだ。ワカシやマアジが交じる日もあれば、マルソウダばかりの日もある。マアジが欲しければ底付近のタナを探るようにするとよい。たまに小型のマダイがハリ掛かりしてしまうが、小さなマダイは必ずリリースすること。

釣り方でハズレがないのは、やはりコマセ釣りである。釣れる魚が小さめなら、タナ取りが楽なサビキ仕掛けが釣りやすい。逆に、30cm以上のサバやソウダガツオがヒットする時や、良型のマアジをねらう場合には、片テンビンのビシ仕掛けが有利になる。ただし、コマセダイのような長いハリスは必要ない。せいぜい2～3mの長さがあれば充分だ。

市販の仕掛けを使うなら、アジ専門のビシ仕掛けでは細すぎる可能性がある。2～3本バリのウイリー仕掛けが手ごろだが、仕掛け全長が長い場合は3mくらいに短く切って使用すると楽だ。

寄せエサはアミを使い、付けエサはオキアミが一般的。また、エサ取り対策には、小さく細くシラス切りにしたイカも有効となる。

ポイントは鵜の根沖にある定置網周辺。なかでもおすすめは定置網の中央部付近の水深20m辺り。沖側の先端部は水深が30m以上もあり、深くてタナが絞りにくい。

サバやソウダガツオねらいなら、海面から10m前後のタナをねらう。アジなら海底から2～5mの間を探るようにする。ちなみにベタ底だと小さなエサ取りばかりになってしまう。

ワカシは大きな群れが通過すると、海底から海面までワカシだらけになることもある。定置網のブイに係留すると、ヒットした際ハリスが固定ロープに絡むので、面倒でもアンカーを打ったほうがトラブルは少なくてすむ（2014・9／須藤）。

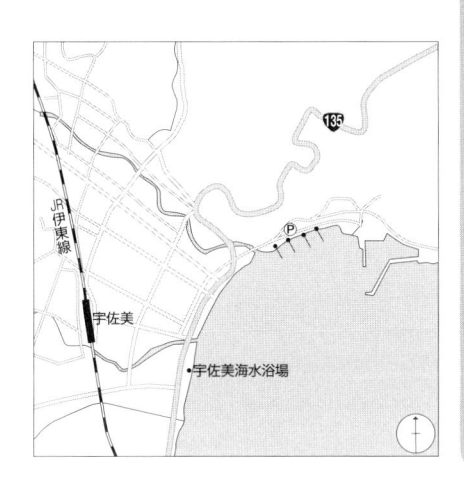

宇佐美海岸 伊東市

シロギス

東伊豆の貴重な本格投げ釣りポイント

GUIDE
- 釣期　5月下旬〜7月初旬、9〜10月。
- 交通　東名高速・厚木ICから小田原厚木道へ入り、小田原西ICを経由して西湘バイパス石橋ICを降りR135を南下して宇佐美海岸へ。
- 問合先　イシグロ伊東店（☎ 0557-44-5666）。

今年は5月上旬から堤防付近で釣果が聞かれ始めたので、6月には砂浜での投げ釣りを楽しめるだろう。東伊豆エリアのシロギス釣りで有名な宇佐美海岸は広大な遠浅のフィールドで、初夏から秋にかけてシロギスの数釣りが楽しめる。東伊豆では貴重な本格投げ釣りポイント。無料駐車場（夏季有料）もあり、エントリーしやすい。

駐車場は数ヵ所あるが、国道側のトイレに隣接した場所が釣り場に近くおすすめ。ここからすぐに砂浜へ出られる。砂浜へ出た所の正面はゴロタ場が隣接しており、根掛かりが多いので、向かって右手へ歩いていく。

広大な砂浜でポイント選択に迷うが、分かりやすいポイントは小さな流れ込み。宇佐美海岸は小規模な河川が数本海へ流れ込んでいて、そういった場所には変化がありポイントになりやすい。

タックルはオモリ負荷20〜27号の3.6〜4.2mの投げザオに投げ専用大型スピニングリール。ミチイトはPE0.8号前後のカイトまで一体になった投げ釣り専用ライン。

オモリは20〜25号のL字型テンビン。投げ釣りといえばジェットテンビンが人気だが、長めの仕掛けを使った場合に絡みやすく、潮流で海底を転がってしまうためあまりおすすめできない。

仕掛けは3〜5本バリ。市販の完成仕掛けでも充分だが、私は50本連結仕掛けを愛用している。自分で好みの本数を切って使うものだ。テンビンとの間に砂ズリをつける必要があるが、フロロカーボン2号を1mほど連結すればOK。連結仕掛けとの接続は小型のハリス止メかサルカンを使う。

そのほか、砂浜での釣りなのでサンドポールは必須。歩き回るためクーラーはできる限り小型のものを用意しよう。

できる限り遠投をして、ゆっくりサビきながらアタリの出る場所を捜していく。アタリがあったら位置をイト色などで覚えておき、その距離を集中してねらう。

この海岸はサーファーが多く、夏場は海水浴客で賑わうため、釣期は7月初旬まで と、9月から10月末くらいまで。サーファーとのトラブルを避けるためにも早朝の釣りがおすすめだ（2014.7／石橋）。

ハトヤ裏 伊東市

アジ

納涼気分で夜のカゴ釣り

GUIDE
● 釣期　7月下旬～8月。
● 交通　東名高速・厚木ICから小田原厚木道、真鶴道を経由しR135を伊東方面へ。しおさい広場駐車場に駐車して釣り場へ。サンハトヤホテル裏への駐車は厳禁。
● 問合先　イシグロ伊東店（☎0557-44-5666）。

夏の日中は炎天下、釣り人も参ってしまう。そこでおすすめなのが夜釣りでのアジねらい。暑さも和らぎ、大型のアジが釣れるのでおすすめだ。

ハトヤ裏は、夜釣り（カゴ釣り）で一年中アジがねらえる。夏場は魚が多く、今年も5月から30cm級の釣果を聞かれるようになってきた。釣り場は、有名ホテルであるサンハトヤから道の駅マリンタウンへと続くテトラ帯。かつて磯だった場所を埋め立てたポイントだ。潮通しもよく、沖に根が点在しているためアジが付きやすい。

広大なポイントだが、アジの実績が高いのは熱海側の角。テトラからの釣りとなるので、装備は万全に。

一般的なスピニングのカゴ釣りタックルを用意すればOK。遠投カゴ12～15号が振れるパワーのあるものを選ぶとよい。リールは使用するナイロンライン6号前後が200m以上巻けるものを選ぶ。ライン操作がしやすく、手前のテトラをかわしやすいフロート系のラインが使いやすい。カゴは基本的に10～15号。必ずテンビン付きのものを選ぶ。ウキをつけるか、テンビン付きのものを選ぶ。

遠投用電気ウキ。同号数か、ワンランク上の号数を選ぶと浮力が安定してウキが見やすい。テンビンの先にはクッションゴムを付け、ハリスを結ぶ。ハリスはフロロカーボン3号前後。長さは1ヒロ半から2ヒロ基本的に1本バリだが、1本を空バリ、1本をカブラやスキンバケにしても面白い。集魚力を高めるために、ハリスには夜光ビーズや小型の発光体を付けてもよい。

釣り方は潮上に遠投し、潮流に乗せながら寄せエサを振り、流していく。必ず潮流を確認し、潮上に振り込むこと。周りと流すペースを合わせることによって釣果が上がる。タナはまず5mからスタート。ネンブツダイが掛かってくるようなら浅く、エサ取りも反応しないようなら深くする。

アジ釣りで一番失敗しやすいのが取り込み。カゴ釣りは長い仕掛けを使うので巻き上げ時に魚を落としてしまうしやすい。しかもテトラ帯なので落としてしまうと回収は不可能に近い。そこでアユの友釣りの引き抜きの要領でキャッチするとよい。ハリのチモトに小型の発光体を付けておくと視認性が高く、すくいやすい（2014.9／石橋）。

ハトヤ裏 伊東市

メジナ

初心者でも入りやすい釣り場

GUIDE

● 釣期　2月下旬〜3月。
● 交通　東名高速・厚木ICから小田原厚木道、真鶴道を経由しR135を南下して伊東方面へ。しおさい広場駐車場に車を停めて釣り場へ。サンハトヤホテル裏への駐車は厳禁。
● 問合先　イシグロ伊東店（☎ 0557-44-5666）。

近年は高水温の年が続き、スタートが遅れ気味なメジナ。昨年は水温が下がるのも早めで、各地磯でも釣れ始めた。

伊東市のハトヤ裏は、初心者でもエントリーしやすく、中型メジナが多い。釣り場は有名ホテルであるサンハトヤから道の駅マリンタウンへと続くテトラ帯で、かつて磯だった場所を埋め立てたテトラ帯で、回遊魚もよく釣れる。今年は1月下旬の釣行で25〜30cm前後の数釣りが楽しめた。大型のバラシもあったので型ねらいにも期待が持てる。

広大なポイントでどこに入っても楽しめるが、魚が多いのはマリンタウン側の湯川終末処理場裏周辺と、ハトヤ側の角。釣り場はいずれもテトラ帯となるので、装備は万全に。また、駐車場は少し離れた所にあるしおさい広場駐車場やマリンタウン駐車場が使用可能だ。

時間帯は夕方が釣りやすい。昼すぎに入って寄せエサを撒き続ければ夕方に効いてくるのでおすすめだ。

タックルは磯ザオ1.5号にLBリールの2500番、ミチイトは2号前後。タナは日によるが、寄せエサを撒いてもメジナが目視できない場合はウキからウキ止メで3mあたりからスタート。メジナが見える場合は1.5mでも釣りになる。これにハリス1.75号前後を3mが基本的な仕掛け。手前の沈みテトラポッドが好ポイントなので、エサ取りがひどい場所を除いて足もとから5m前後がねらう場所になる。

ウキは小粒の0号、ミチイトにガン玉G5、ハリスにはガン玉を打たない。エサ取りが多い場合や風が強い場合はハリスにガン玉を打ったり、ウキとガン玉をG2にしたりと調整する。ハリは6号前後が使いやすい。基本的に付けエサはオキアミ1匹掛け。食いが渋い場合は頭を取ってムキ身にすると食うことがある。

寄せエサはオキアミ1枚に配合エサ1袋が基本。アクセスしやすいとはいえ、テトラ帯を歩くので大量の寄せエサを持参すると荷物が抑えられる。4〜5倍に増える粉エサではサオの置き場に困るので、バッカンに装着できるタイプの簡易的なサオ掛けを持っていくと便利だ（2014・4／石橋）。

75

ハトヤ裏 伊東市

アオリイカ

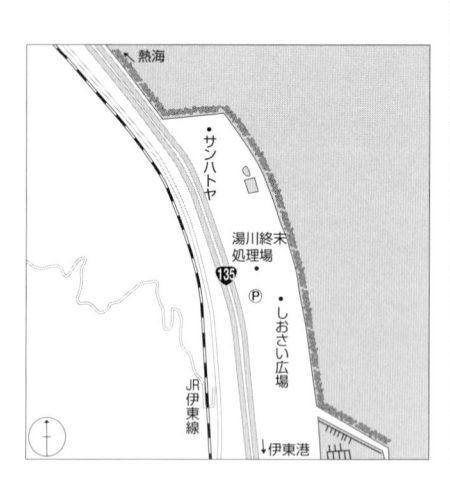

水温低下とともに大型の期待大

GUIDE

●釣期　11月下旬〜12月。
●交通　東名高速・厚木ICから小田原厚木道、真鶴道を経由してR135を伊東港方面へ。しおさい広場駐車場に駐車し、徒歩でテトラ帯へ。サンハトヤホテル裏への駐車は厳禁。
●問合先　イシグロ伊東店（☎ 0557-44-5666）。

今年は台風ラッシュで動向が心配された秋アオリだが、台風が落ち着くと各地で好調の声が聞かれるようになってきた。季節は冬に入り水温低下とともにねらえる数は減ってくるが、その代わり大型の期待大だ。東伊豆の各釣り場では10月下旬に早くも800g〜1.5kgまでの釣果が聞かれ、今後の状況に期待が持てる。

ハトヤ裏のテトラ帯は、もともと地磯だった所を埋め立てて造ったため、潮通しがよく水深も充分。冬場でもアオリイカがねらいやすい。

湯川終末処理場裏からホテルサンハトヤの真裏まで、釣り場は広い。実績があるのはハトヤ裏の角周り。

タックルは基本的なエギングタックルでOK。テトラが大きく足場が高い場所が多いので、長めの8.6〜9フィートのエギングロッドに2500番クラスのスピニングリールがおすすめだ。ラインはPE0.8号前後。細イトのほうが遠投性と感度に優れるため0.6号もおすすめ。0.8号と0.6号では感度に大きな差がある。水深があり潮流の影響を受けやすいハトヤ裏では細イト

が有利な場面が多い。

餌木は基本的に3.5号でよいが、遠投したい場合や、風が強かったり、潮が速い時は4号を使う。冬場のアオリイカは底にいることが多いので、しっかり底を取ることが重要だ。通常の3.5号で風や潮流に邪魔される時はイトオモリを巻くなどしてウエイトを足し、底を取りやすくする工夫が必要。

底を取ったら2〜3回大きなシャクリを入れて餌木を目立たせ、それ以降はしっかり底を取りながら移動距離の少ない小さめのシャクリで誘っていく。大型ほどはっきりとアタリが出ないことが多いので、違和感があればとりあえず合わせてみることが大切だ。

今年も10月から1kgオーバーが釣れるなどサイズにかなりのばらつきがあり、思わぬ型が乗ってくる可能性がある。足場も不安定になるためギャフや玉網などのランディングツールを用意しておきたい。もちろんフローティングベストやスパイクシューズなどの安全対策装備も万全にしていただきたい（2014.1／石橋）。

76

汐吹崎 伊東市

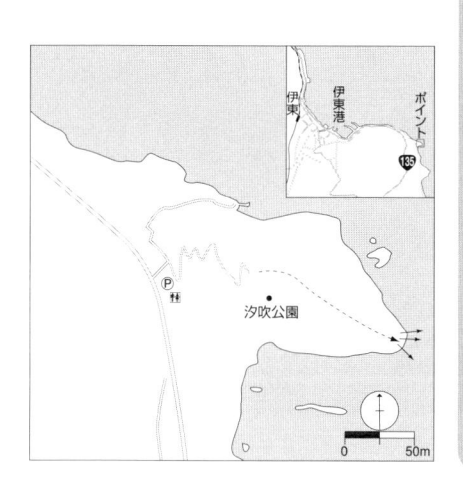

アオリイカ

駐車場から5分の楽々地磯

GUIDE

● 釣期　10月下旬〜11月。
● 交通　東名高速・厚木ICから小田原厚木道、真鶴道を経由しR135を南下して伊東方面へ。川奈方面へ左折し県道109で汐吹崎へ。
● 問合先　イシグロ伊東店（☎ 0557-44-5666）。

昨年に比べてスタートが遅れ気味なアオリイカだが、10月に入ると200〜800gまでの釣果を聞くようになってきた。11月には、餌木はもちろん泳がせ、ヤエンなど釣り方を問わず楽しめそうだ。この時期は釣り人が一番多いので、地磯まで足を伸ばすと比較的釣り人も少なく、快適に釣ることができる。汐吹崎は、駐車場から5分と近いためエントリーしやすく、足場も低く釣りやすい。

汐吹崎は伊東から川奈港へ向かう途中にある大きな岬状の地磯で、駐車場、トイレも完備。ガードレール脇の細い道から下りて磯へ入る。主に水深のある先端周りがポイントになるが、秋シーズンは手前の浅場も好ポイント。足場がよく、海面まで低いのでエギング、泳がせと、どんな釣りでもねらいやすい。だが、波の高い時は非常に危険なので入磯はやめたほうがよい。

エギングは秋アオリの基本的なタックルでOK。遠投が利く8〜9フィートのロッドに2500番クラスのリール、ラインはPE0・8号前後。餌木は基本的に3・5号だが、手前の浅場をねらう場合は3号も使

える。

釣り方のコツはまずしっかり沈めること。先端付近では3・5号使用時の目安で40カウントほど。沈めたらしっかりシャクリで餌木を見せるように、大きめのシャクリで誘う。この時期のアタリはさまざまなので、ラインは常に張り気味にし、違和感が合ったら合わせよう。

アジの泳がせ釣りも基本的な仕掛けでOK。遠投磯ザオ3号前後に4000番前後のリール、ミチイトはナイロン4号前後の遊動式（電気）ウキ仕掛けをセットする。潮が速ければオモリは5号前後がおすすめ。ハナカンと掛けバリは市販のものでよい。タナは1・5m前後と浅め。そのほうがアタリが出やすい。まず潮上に投入し、流していく。おすすめの合わせ方は、ウキが沈んで動かなくなったのを確認してからイトフケを静かに巻き取る。イカの重みを感じたら一定のテンションを保って巻く。

ヤエンはアタリの多さが魅力の釣りだが、秋は小イカにかじられてアジを消耗しやすいのであまりおすすめできない。

（2014・12／石橋）

汐吹崎 伊東市

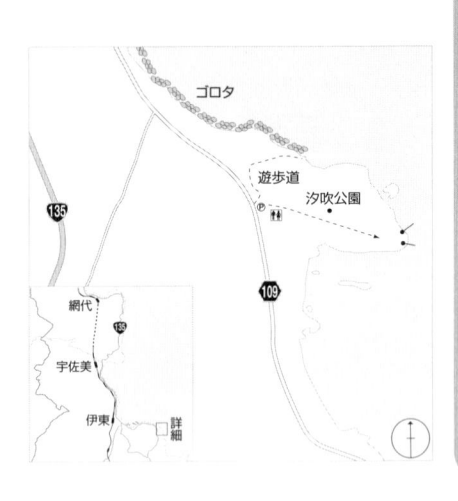

カワハギ
磯から良型にロック・オン

GUIDE
- 釣期 8月下旬～9月。
- 交通 東名高速・厚木ICから小田原厚木道、真鶴道を経由しR135を南下して伊東方面へ。川奈方面へ左折し県道109で汐吹崎へ。
- 問合先 イシグロ伊東店（☎ 0557-44-5666）。

　8月も終盤に入り、秋の気配が漂ってくるとカワハギの数釣りシーズンがやってくる。堤防でも楽しめるが、地磯まで足を伸ばすと、船で釣るような良型がねらえる。

　汐吹崎は伊東から川奈港へ向かう途中にある大きな岬状の地磯だ。無料駐車場に加えてトイレも完備されている。ポイントまでは徒歩5分と非常にエントリーしやすい。駐車場脇の細い道に入り、道なりに下って磯へ入る。岬状になっている先端周りの潮通しがよく、海面まで低いので仕掛けを操作しやすく、取り込みも簡単だ。ポイントは広くどの位置に釣り座を構えても釣りやすいが、波の高い場合は非常に危険なので入磯は中止すること。

　岬状の磯の先端がメインポイントだ。潮通しがよく、25cm以上の大型カワハギの実績がある。先端に入れなければ、さらに進んだ岬の左側も好ポイントだ。岩礁地帯での釣りになるため、基本的にドウヅキ仕掛けを使う。これをシャクって操作するうえでも、やや張りのあるサオが使いやすい。近場をねらうのであれば9フ

ィート弱のエギングタックルでOKだ。取り回しもよく、ルアー感覚で手軽にできるのでおすすめだ。

　少し投げて広範囲を探る場合、投げ釣りタックルを使う。オモリ負荷20号前後で3・9m前後のものがおすすめ。あまり硬いと穂先が若干軟らかいものがよい。ミチイトは、アタリを弾いてしまうので、アタリの取りやすさや飛距離を考えると断然PEライン。磯際をねらう場合は1.5号前後の直結でよいが、投げる場合はシロギスの投げ釣り同様に4号以上のチカライトを介する。

　仕掛けは一般的なカワハギ仕掛けでOK。磯用も販売されているが、ハリの消耗が激しいのでハリ交換のできる船用仕掛けがおすすめだ。大型の可能性があろえ、イシガキダイなども掛かるのでハリスは3号以上のものを選ぶこと。遠投する場合は仕掛けの幹イトを5号以上にすると安心。いずれも根掛かりが多いので仕掛けの予備は多めに。エサは通常のカワハギねらいどおり冷凍アサリか、アオイソメでOK

（2014・10／石橋）。

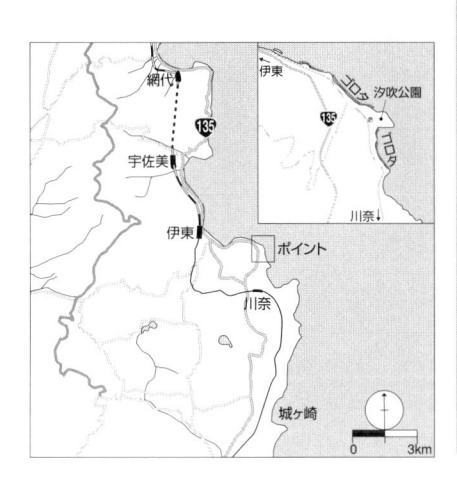

汐吹崎周辺のゴロタ 伊東市

ムラソイ

ナギの干潮時がねらいやすい

GUIDE
- 釣期　4月下旬～5月。
- 交通　東名高速厚木ICから小田原厚木道に入り真鶴道路を経由してR135を南下し伊東方面へ。川奈方面へ左折し県道109で汐吹崎駐車場へ。左手の遊歩道を歩いていくとゴロタに出る。
- 問合先　イシグロ伊東店（☎ 0557-44-5666）。

5月になり水温が徐々に上昇し始めると、カサゴをはじめ深場に落ちていた根魚たちが浅場へやってくる。ゴロタの浅場でねらうムラソイもシーズンインを迎える。今年は昨年に比べ水温が低めで推移しているが、ゴールデンウイークを過ぎるころには本格的なシーズンインだ。

今回紹介するのは、エントリーしやすく魚が多い川奈から伊東のゴロタ帯。汐吹崎周辺に広がるゴロタは、大小さまざまな岩がゴロゴロしている穴釣り1級ポイント。ナギの干潮時であれば穴をねらいやすく、ムラソイを中心に数釣りが期待できる。

テンポよく探れるソフトルアーでねらう。タックルは7．6フィート前後のメバルロッドに小型スピニングリール。ロッドは岩穴に突っ込んだりするので傷がつきやすく、安価なものを使ったほうがよいだろう。ラインは擦れに強いフロロカーボン6ポンド前後。

ジグヘッドはやや軸の太いメバル用の2～3gが使いやすい。根掛かりを避けやすいオフセットタイプを使うのもよい。ワームはムラソイの好物である甲殻類を模した

ホッグ系がおすすめ。カラーはパール系やチャート系など、目立つカラーを選ぶと視認しやすく釣りやすい。

入釣しやすく手軽なポイントだが、ウネリの影響を受けやすいので、釣りに夢中になりすぎて波をかぶらないように注意が必要。スパイクシューズを履き、フローティングベストを着用するなど安全対策は万全にしておきたい。

釣り方はまずムラソイの潜んでいそうな岩穴を見つける。底が深く大きな穴が理想だ。よさそうな岩穴を見つけたらロッドからルアーのタラシを10㎝ほどにして岩穴に入れる。この時、リールとロッドのガイドの間のイトを手に取り、引いたり送ったりしてルアーをポイントに送り込んだら、手もとのイトを上下させるように誘う。アタリがあったらすぐに魚を穴から引きずり出すこと。少しでも遅れると穴の奥へ逃げられてしまう。

ある程度波がある場合や、手前で反応が少ない場合は少しキャストしてねらうのもよい（2014．6／石橋）。

79

川奈崎のゴロタ 伊東市

ムラソイ

穴釣りにあらず、ミノーを引け

GUIDE
● 釣期　5月下旬～6月。
● 交通　東名高速から小田原厚木道へ入り真鶴道を経由しR135を伊東方面へ南下。県道109を川奈漁港方面へ進み川奈崎へ。
● 問合先　イシグロ伊東店（☎ 0557-44-5666）。

5月後半になると海水温もすっかり上がり、海の中も春本番といったところ。おすすめは手軽で楽しめるゴロタ場のミノーイング。ターゲットは水深20cmの浅場にも潜むムラソイだ。

ゴロタ場でのムラソイねらいは、一般的にはムラソイが潜む穴に直接ソフトルアーを入れていく穴釣りがメイン。しかし今の時期はムラソイも高活性で、エサを見つけると潜んでいる穴から飛び出してくるのでミノーでねらうには絶好のシーズン。

おすすめの釣り場が東伊豆の伊東市にある川奈崎のゴロタ場。伊豆半島は房総半島や三浦半島に比べてゴロタ場が多く、ムラソイの数も多い。ここのゴロタ場は300mほどあり、全体がポイントだ。奥側のほうがゴロタ石が大きくなり魚は多い。

好条件はベタナギの干潮からの上げ潮。波が高いとルアーをコントロールするのが難しくなる。干潮時には沖のほうまでゴロタ場が露出するので、手つかずのポイントもねらいやすい。逆に満潮時になるとよいゴロタは水没してしまい、ねらえるポイントがかなり限定されてしまう。

タックルは、6～8フィートのメバルロッドやバスロッドに、リールは2000～2500番のスピニング。ラインはフロロカーボン6～8ポンドの直結でOK。ルアーは5cm前後のフローティングミノーが基本。ほかにもシャッドやクランクベイトも効果的。いずれにしても根掛かりを軽減するためにフローティングタイプがおすすめだ。

釣り方は闇雲にキャストするのではなく、手前のゴロタ石からショートキャストして石の周囲をなめるように引く。足もとの石をねらう場合、ロッドティップから50cmほどラインを出してロッド操作で石の周囲を引く。

ムラソイがルアーを見つけると勢いよく飛び出してバイトする。ヒットするとすぐに猛スピードで穴に潜ろうとするのですぐに障害物から引き離すこと。

よい日は1時間で10尾以上釣れることもあり、とても面白いが、たくさんキープするのは控えたい。また、ライフジャケットと、磯用シューズなど滑りにくい靴を装備しよう（2014.7／渡邉）。

八幡野マサキ・ヒナダン 伊東市

カサゴ

本格地磯の釣りをお手軽に

GUIDE

- 釣期　12月下旬〜1月。
- 交通　伊豆スカイライン・亀石峠ICを降り、県道19を進む。スカイライン入口交差点を右折しR135を道なりに進み、浜入ロバス停付近を左折で八幡野港へ。
- 問合先　イシグロ伊東店（☎ 0557-44-5666）。

12月に入り水温が徐々に下がると、根魚シーズンの本番。八幡野港周辺のヒナダンとマサキは、本格的な地磯の釣りが手軽に楽しめる。釣り場には容易に入れるが、根魚釣りの1級ポイント地磯。主にドウヅキ仕掛けを使ったカサゴ釣りがメインになる。ヒナダンは足場が低く入りやすいため初心者にも向く。足もとねらいでチョイ投げのドウヅキ仕掛けを使う。エサはサンマやサバの切り身がよいが、ウツボが掛かりやすいので注意。ハリス3号前後と細めにすればウツボが掛かった場合に切れやすく安心だ。ハリは2本まで。上バリに磯エビなどを付けるとメバルが釣れることもある。

マサキは潮通しがよく、遠投できればかなり深いポイントをねらえるため、日中でも釣果を出しやすい。しかしこちらは足場が高いので注意が必要。スパイクシューズやフローティングベストなど安全対策は万全に。マサキから外側全体がポイントで、投げる距離や角度を変えて広範囲を探ろう。

タックルは、ヒナダンから近場をねらうなら3m前後の投げザオがあれば充分。リールはナイロン4号以上が100m巻けるもの。仕掛けは市販のカサゴ用ドウヅキ仕掛けでOK。オモリは潮の速さやうねりの有無によるが、20号以上あると仕掛けを安定させやすい。

マサキから遠投する場合は4m前後の投げザオで、PE1.5〜2号200mにカイトを結ぶ。切れやすく上級者向けだが飛距離は出しやすく、より広範囲を探れる。仕掛けはヒナダンと同じでもよいが、遠投するならハリは1本。オモリは25号を使い、シンプルな仕掛けで飛距離を稼ぐ。投入したら底まで沈めてアタリを待つ。サオ掛けがあると快適だ（2015・2／石橋）。

ヒナダンの釣り場風景。足場が低く入りやすい

81

熱川堤防　賀茂郡東伊豆町

サバほか青もの

ベイトが寄った時には
ブリのチャンスも

GUIDE
- 釣期　6月下旬～7月。
- 交通　東名高速から小田原厚木道に入り、小田原西ICを経由して西湘バイパス・石橋ICを降りR135を南下。熱川温泉方面へ右折して熱川堤防へ。
- 問合先　イシグロ伊東店（☎ 0557-44-5666）。

　今年は去年に比べて水温の上昇が遅れ気味だが、5月中旬にはサバの姿が見られるようになり、シイラやブリといった大型青ものの目撃情報も出てきた。毎年東伊豆では青ものの声が聞かれるのが早い熱川堤防。ベイトが寄った時の爆発力はすさまじく、昨年はブリクラスが数釣れた夢のあるポイント。無料駐車場やトイレもあり、エントリーしやすい1級ポイントだ。

　青もののねらいだとメタルジグの出番が多いが、今回紹介するのはプラグを使った釣り。熱川周辺は水深が浅く、ナブラが沸いた時、メタルジグではすぐに沈んでしまいねらいにくい。プラグなら表層付近をじっくりねらえる。

　時間帯はやはりマヅメ時がよいが、昼間しか回遊しない日もあるので釣行前の情報収集は重要。地元の釣具店（イシグロ伊東店）に問い合わせてみるのがおすすめ。

　タックルは、サバメインなら8.6～10フィートのシーバスロッド。リールは2500～3000番。PEライン1号にリーダーとしてフロロカーボン5号を接続する。しかしワラサ、ブリクラスが回遊し

ている場合は迷わずショアジギングロッドを選びたい。周囲には根がなく、時間をかけさえすればシーバスタックルでもブリクラスを手にすることは可能だが、この時期になると釣り人が多く、周りの釣り人に迷惑をかけないためにも掛けた魚はできるだけ早く取り込みたい。

　メインに使うルアーは飛距離の出るジグミノーやシンキングペンシル。10cm前後のものが使いやすい。だが、このサイズのルアーには弱いフックが付いていることが多い。不意の大ものに備えて必ず太軸のものに交換しておくこと。

　アクションはルアーが水面をキープできるぎりぎりの速度で引き、軽めのトウィッチを入れ緩急をつける。コツはできるだけゆっくり動かすこと。青ものだとノンストップで早巻きしてしまう人が多いが、これでは魚が食いにきても掛からないことが多い。特にナブラが沸いているような状況ではその傾向が顕著だ。魚を掛けたらできるだけ早く寄せ、タモかギャフでランディング。ルアーの場合、タモは失敗が多いのでギャフがおすすめ（2014・8／石橋）。

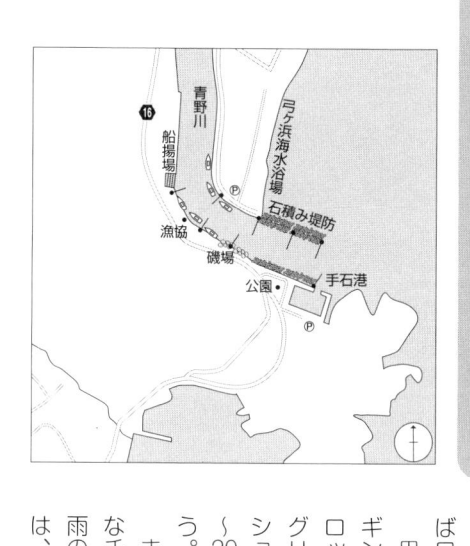

青野川河口　賀茂郡南伊豆町

スズキ、ヒラメ、マゴチほか

河口エリアでルアー五目

GUIDE
- 釣期　6月下旬～7月。
- 交通　西湘バイパス・石橋ICを降りてR135を下田方面へ。R136を南伊豆方面へ。日野交差点を直進し県道16に入り青野川河口へ。
- 問合先　イシグロ伊東店（☎ 0557-44-5666）。

梅雨を迎えると河口部の釣りが面白くなってくる。青野川は、南伊豆に河口を持つ河川のなかでは最大規模である。そして河口部は護岸され、手石港として利用されている。

潮位の変動は河口から2kmほど上流まで影響する。汽水域が広く栄養豊富で、ベイトとなる稚魚やエビなども多い。

青野川河口でのルアーターゲットは、ヒラスズキ、マルスズキ、ヒラメ、マゴチ、クロダイ、キビレと多彩である。そしてありがたいことにルアーとねらい方を変えればワンタックルでも手軽に楽しめる。

用意するタックルは7～9フィートのエギングロッド、メバルロッド及びシーバスロッドに2500～3000番のスピニングリール。PEライン0.6～1.2号に、ショックリーダーとしてフロロカーボン12～20ポンドを75～100cm入れたものを使う。

まずヒラスズキ、マルスズキだが、大きなチャンスとなるのは河川に濁りが入る降雨の後。降雨がなく水が澄んでいる状況では、夜間に28g前後のバイブレーションプラグを使用した早めのリトリーブ＆ジャークが効果的。

濁りが入った時はバイブレーションプラグに合わせて、9cmクラスのフローティングミノーを上流側からスローリトリーブで流すのも効果的だ。

ヒラメ、マゴチに関しては石積みの防波堤の先端から河川内にかけて船のミオ筋をねらう。28g前後のバイブレーションプラグを使用。キャスト後、底を取り、リフト＆フォールで底近くを中心にルアーを通す。マゴチは1/2オンスクラスのジグヘッドリグを底に着けてスローリトリーブでねらうのも効果的だ。

クロダイ、キビレは下げ止まりから上げにかけてが好タイミング。9cmまでのペンシルベイトやポッパーなどトップウオータープラグの連続アクションが効く。夜間であれば、ジグヘッドリグやクロダイ用のラバージグで底をズル引くようにねらうとアタリが出る。

多彩なターゲットに出会える青野川河口のルアーゲーム。ぜひ挑戦していただきたい（2014.8／新保）。

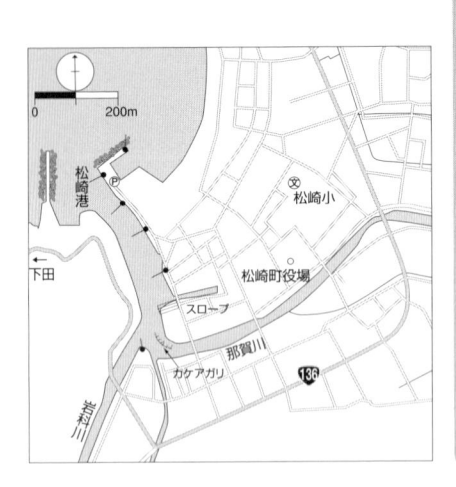

松崎港&那賀川河口 賀茂郡松崎町

マゴチ

底を確実に取ってルアーをアピール

GUIDE

- 釣期　5月下旬〜6月。
- 交通　東名高速・沼津ICを降り伊豆縦貫道、伊豆中央道、修善寺道路を経由してR136へ。出口の交差点を右折し、土肥中浜交差点を左折して那賀川河口へ。
- 問合先　イシグロ沼津店（☎055-927-1496）。

松崎町に位置する那賀川河口は、伊豆西海岸において整備された河口部では最も大きい。ハゼ、クロダイ、ヒラスズキなどでも有名なポイントだ。そしてこれからの時期はマゴチが本格シーズンを迎える。

松崎港、那賀川河口はサーフに隣接しており底は砂地で根が存在する。そのためマゴチのエサになるシロギスを始め、マハゼやメゴチなどが多い。また、河口部にはカタクチイワシ、マイワシなどの回遊も見られ、そのタイミングに釣行が重なればチャンスは大きくなる。ねらえるサイズは30cmクラスから45〜50cmを中心に、60cmクラスも姿を見せる。

マヅメ時を中心に釣行を組み立てれば、高確率でヒットを得ることができる。足場が整備されているため、膨張式のフローティングベストを着用すれば、足回りはスニーカーで楽しむこともできる。

タックルは8フィートクラスのシーバスロッド、もしくはエギングロッドに、2500〜C3000番のスピニングリールを組み合わせる。PEラインは0.6〜1.0号にショックリーダーとしてフロロカーボン2.0〜3.0号を75cmから1m接続する。使用するルアーは24gまでのバイブレーションプラグと、12gまでのジグヘッドに3.5インチクラスのワームをセットしたジグヘッドリグを用意する。

マゴチはどう猛にエサを追うものの、底から飛び上がって捕食をすることは希なので、必ず底を取ることが重要。バイブレーションプラグは手早く、広く探るのに有利である。

キャストしたら底を取ってやや早めにリトリーブ＆ジャークで動かす。リトリーブを止めてそのままカーブフォールで底を取る。このアクションをワンキャストの中で3〜4回行なう。続いてジグヘッドリグも同様に、キャストしたら底を取って底を引きずるか、引きずらないかのスローリトリーブ。時折、カーブフォールさせてジグヘッドリグが浮き上がりすぎていないか確認すると、確実に底をねらうことができる。バイトはリグが着底した瞬間や、リトリーブを開始した直後に出ることが多い。不意の大ものに備えて必ずランディングネットは用意したい（2014.7／新保）。

84

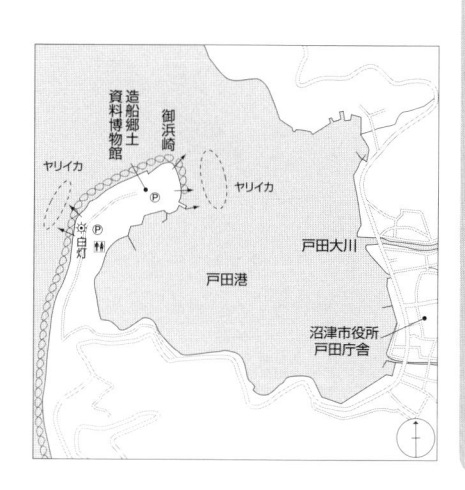

御浜崎 沼津市

ヤリイカ

船にあらず、陸っぱりで数釣り

GUIDE

● 釣期　2月下旬〜3月。
● 交通　東名高速・沼津ICを降り伊豆縦貫道、伊豆中央道、修善寺道を終点の修善寺ICで降り、県道18を戸田方面へ進む。戸田市街の戸田三叉路を左折し御浜岬へ。
● 問合先　イシグロ沼津店（☎ 055-927-1496）

ヤリイカは船からねらうイメージが強いが、伊豆半島沿岸では産卵のために接岸する時期に岸からねらえる。特に奥駿河湾では12月下旬から大潮回りで接岸するタイミングが多く、数釣りが楽しめる。

御浜崎のゴロタ場は、ヤリイカがカケアガリまで入って来るため、エギングでも充分にねらえる。御浜崎のゴロタ場は諸口神社の鳥居正面の防波堤から先端を周り、外海側土肥方面へ広く続く。寒い季節風に悩まされる時期だが、風を背に受ける場所があるため、釣りができないことはまずない。

一番おすすめポイントは白灯台下のゴロタ場だ。接岸するのは夜間のため、当然夜釣りになる。厳寒期のゴロタ場は滑りやすい。必ずスパイクブーツを着用し、ベストタイプのフローティングを装備しよう。万が一転倒しても体幹を保護できる。

用意するタックルは秋の新子アオリイカねらいで使うような、ややライトなもの。8フィートクラスのエギングロッドにPE 0.6〜0.8号を巻いた小型スピニングリール、ショックリーダーは2号フロロカーボンを75cm目安で接続する。餌木は小さめ

の3号以下で揃える。

ヤリイカはアオリイカのような派手なアクションを嫌う傾向にある。なるべくゆっくり底付近を漂わせながらねらうこと。そのため、振り出しの磯ザオなどでも流用可能だ。磯ザオのほうが手前のゴロタ石をかわしやすい利点がある。

潮が動いているほうが、ヤリイカの活性は高まる。だが、キャストした餌木が左右どちらかに5m以上流されてしまうような時は、ヤリイカが浮いていないことが多く、ねらいにくい。潮の流れが落ち着くのを待ったほうがよい（2015.4／新保）。

頭大のゴロタが続く。夜は足もとに注意しながら探っていこう

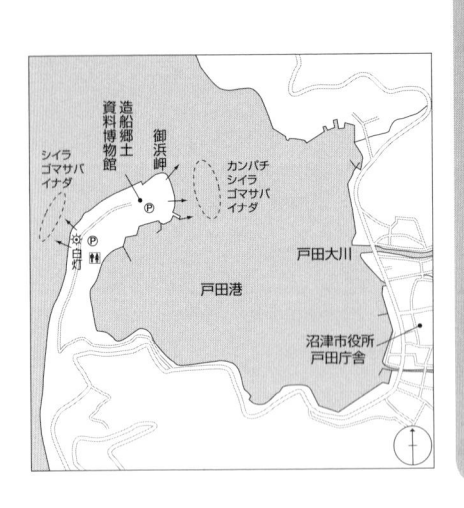

御浜崎 沼津市

青もの
プラグとメタルジグを使い分ける

GUIDE
- 釣期　7月下旬～10月。
- 交通　東名高速・沼津ICを降り伊豆縦貫道、伊豆中央道、修善寺道を終点の修善寺ICで降り、県道18を戸田方面へ進む。戸田市街の戸田三叉路を左折し御浜崎へ。
- 問合先　イシグロ沼津店（☎055-927-1496）。

夏を迎える季節、駿河湾沿岸は青ものシーズン真っ盛り。御浜崎（御浜岬）は戸田湾を構成する内側はサーフ、先端部から外側はゴロタ場で形成された岬である。駿河湾奥に流れ込んでくる黒潮分流の影響で潮の入れ替わりがあり、青ものの回遊も多い。

ポイントは諸口神社の鳥居のある突堤から先端部付近と、外海側の白灯台前に広がるゴロタ場だ。突堤の先端に釣り座が取れればラッキーだが、カゴ釣りファンやアオリイカねらいの釣り人が多い。そのため青もののねらいのルアーファンは、突堤から50mほど先端寄りのゴロタ場からのキャスティングがメインになる。

私のタックルはロッド、リールともにシマノの「AR-C TYPE VR S1000MJ」「AR-C AERO CI4+ 4000XG」。ラインはPE1.5もしくは2号で、ショックリーダーはフロロカーボン5～8号で1～1.5m。ルアーはメタルジグの30～40g。プラグであれば16cmクラスまでのトップウオーターやミノーを用意する。

7月後半から10月まではシーズンで、そのうち7月後半から9月まではゴマサバやシイラがメインターゲット。後半はイナダやワラサ、ソウダガツオが多い。先端部付近では年によってショゴクラスから2kgまでのカンパチが付くことがある。

先端付近は戸田湾の出入り口になっており、カケアガリがきつい。水深も最深部で40m以上ある。メタルジグの場合、ロングキャストしたら最初のフォールで底を取り、そこからはジャカジャカ巻きで水面まで誘ってくるのが基本。手前まで寄せてきてからふたたび底を取ってしまうと、手前のカケアガリに根掛かりすることがあるので注意。

白灯台前のゴロタ場は比較的なだらかな海底であり、沖が砂地で手前がゴロタ。ここも根掛かりに注意したい。マヅメ時は水面近くのベイトフィッシュに青ものが付くので、プラグメインでねらう。日が高い時間帯はメタルジグでねらうのが基本的な釣りの組み立て方だ。

駐車場（有料）が近く、入りやすいポイントだが、ゴロタ場は滑りやすい。必ずスパイクシューズを着用し、フローティングベストも忘れずに（2014.9／新保）。

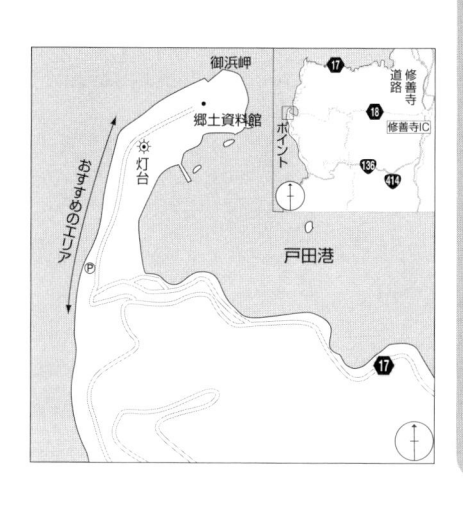

御浜崎 沼津市

メバル

タマヅメ以降に大型のチャンス

GUIDE
- 釣期　11月下旬～12月。
- 交通　東名高速・沼津ICを降り伊豆縦貫道、伊豆中央道、修善寺道を終点の修善寺ICで降り、県道18を戸田方面へ進む。戸田市街の戸田三叉路を左折し御浜岬へ。
- 問合先　ますみや釣具店（☎0558・94・3350）

秋が深まり水温が下がってくると、深場に落ちていたメバルもシャローに上がり、産卵前の荒食いを始める。この時期は尺クラスもねらえる。沼津市の御浜崎は大型メバルの実績が高く、駐車場のすぐ目の前がポイントで、近くにはトイレも完備されている。北に伸びる御浜岬の西側から岬の先端まではゴロタ浜が続き、全域がポイントだ。アベレージは25cmほどで尺超えも期待できる。

ゴロタ浜全体からねらうことができるが、半島が少し右に曲がった所にある灯台より南側がおすすめ。適度な水深があり釣りやすい。

タックルはメバル専用7～8フィートMLクラス、もしくはシーバスロッドのLL～Lの7～8フィート。リールはダイワなら2500番クラスのハイギアだと巻き取りが速くおすすめ。ラインはPE0.3～0.5号にリーダーはフロロカーボンの2～3号を1～1.5m結ぶ。

大型のメバルは特に夜行性が強い。したがってタマヅメ以降からのナイトゲームが本番となる。ルアーはミノーやシンキングペンシルなどのハードルアーでもねらえるが、2～4インチのシャッドテイル系のソフトルアーをセットしたジグヘッドリグが基本。

まずねらうのは波打ち際にあるゴロタからの払い出し。ショートキャストで表層から中層を探る。ヒットしない場合はジグヘッドの10～30cm上に3Bほどのガン玉を追加していき、徐々に遠投して広範囲をねらう。通常は表層から中層でヒットすることが多いが、反応がなければボトムまで探っていく。

ゴロタ浜にいるメバルはベイトを捕食しようとしているので高活性な個体が多い。いれば何らかの反応がすぐにある。そのため、テンポよくねらうほうが釣果に結びつきやすい。

また、足もとはフェルトスパイク底のニーブーツなどを着用し、フローティングベストは転倒時にクッションにもなる浮力材の入っているタイプを着用しよう。

今の時期はメバルが体内で孵化させた稚魚を産み落とす時期である。なるべく優しくリリースしたい（2014・1／渡邉）。

87

戸田港 沼津市

メッキ

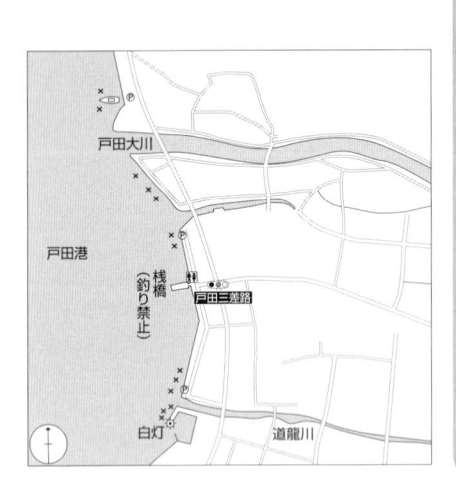

季節限定の
ゲームフィッシュ

GUIDE
●釣期　8月下旬〜9月。
●交通　東名高速・沼津ICを降り伊豆縦貫道、伊豆中央道、修善寺道を経てふたたびR136へ。出口の交差点を右折、土肥中浜交差点を右折で戸田港へ。
●問合先　イシグロ沼津店（☎ 055-927-1496）。

8月の声を聞く頃から、港や河口部、河川内といった場所に姿を見せ始めるメッキ。この魚は南方系のヒラアジ、ギンガメアジやロウニンアジの幼魚である。黒潮に乗って稚魚が北上してくるが、死滅回遊魚といわれ、だいたい年内いっぱいでその姿は見えなくなる。そのため、季節限定のゲームになる。

御浜崎によって入り江状に形成された戸田の湾内には毎年、数にムラは見られるもののメッキの回遊がある。メッキは栄養豊富な汽水域を好むため、戸田大川や道龍川が流れ込む戸田港周辺におのずと居着く傾向にある。ここの釣り場は岸壁際に直接車で入ることができ、トイレもあるうれしいポイントだ。

用意するタックルは6〜7フィート前半のアジングロッド、メバルロッド、もしくはトラウトロッドやバスロッドに、C2000クラスの小型スピニングリール。ラインはPEなら0.3〜0.6号にショックリーダーとしてフロロカーボン1.2〜2.0号を50cmほど介する。接続は電車結びでOKだ。ショックリーダーを結ぶ手間を省くなら、ナイロンライン4〜6ポンドかフロロカーボン3ポンドを使ってもよい。

ルアーは6cm前後のフローティングミノーや4cm前後のヘビーシンキングミノー、7gまでの小型メタルジグ、そして2g前後のジグヘッドに2インチまでのピンテールワームをセットしたジグヘッドリグを用意する。

戸田大川と道龍川の河口部周辺と、そこに挟まれた岸壁を釣り歩くとよい。マヅメなどの高活性が期待できる時間帯は、フローティングミノーのトゥイッチングでテンポよく探り、日中やフローティングミノーで反応がない時はそれ以外のルアーを中層からボトム付近まで沈めて、そこからトゥイッチングで誘うようにすると反応が得られるだろう。

満潮前後は流入河川にメッキが入り込んでいることがあるので、フローティングミノーでのチェックは忘れずに行ないたい。

ただし、観光客も多いので、キャストの際は必ず後方確認をし、事故のないように安全に楽しんでいただきたい（2014・10／新保）。

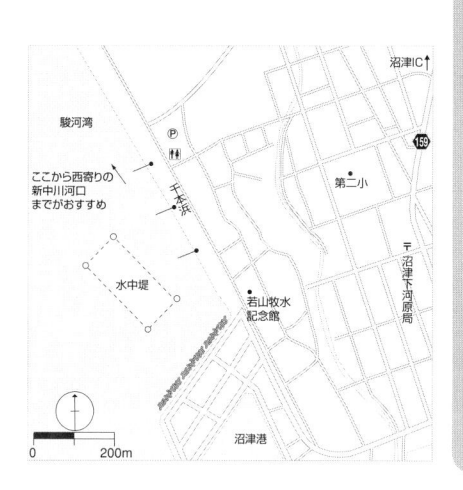

千本浜海岸 沼津市

アオリイカ

ロングキャストで沖のサラ場ねらい

GUIDE
● 釣期　11月下旬〜12月。
● 交通　東名高速・沼津ICを降り県道405からR1へ。江原公園交差点を左折して県道162へ。上本通交差点を左折、2つ目の信号を右折して県道159へ進み千本浜海岸。
● 問合先　イシグロ沼津店（☎ 055-927-1496）。

秋シーズンのアオリイカは釣果に波があるといわれるが、意外に安定した釣果が望めるのがサーフからねらうスタイルだ。

奥駿河湾に位置し、夏場は回遊魚の釣り場として有名な千本浜海岸は、駿河湾特有の急深なサーフとなっているため、アオリイカも接岸しやすい。しかし、水深のある漁港周りや、根回りなどといった釣り人の射程距離に、いつもアオリイカがいるわけではない。朝夕のマヅメ時と、夜間の潮の変化する時間帯が勝負だ。言い換えれば、ねらいを定めやすいため釣行しやすい。

手持ちのエギングタックルでよいが、サーフでは遠投が有利。9フィートクラスのエギングロッドを使うと飛距離が稼げる。シーバスロッドでも代用が利き、こちらを使うのもおすすめだ。

ロングキャストしたら、カウントダウンを30〜60秒取る。シャクる前に必ずラインを張ること。活性の高いアオリイカがいた場合、シャクる前の最初のフォールで乗っている時がある。急にシャクると身切れしてしまうこともある。

大きくシャクリを入れたら、ふたたびフリーフォールを5〜10秒入れ、そこからアリが歩く程度のスピードをイメージし、餌木をゆっくりと横移動させる。この時にジワリと重さを感じれば、それがアタリだ。

この動作を2〜3回行なうと餌木が海底にコツコツと当たる感触が伝わってくる。そうしたらそこで10秒程度ポーズを入れる。アオリイカが追ってきていれば、そこで乗ってくるだろう。砂礫のサーフであるためほとんど根掛かりすることはない。

多い時で3〜5杯の釣果だが、年末に近づくとキロ前後の良型が揃うこともある。魅力のある釣り場だ（2015.1／新保）。

サーフでねらうアオリイカは遠投が有利

原海岸 沼津市

カワハギ
「投げ」でキモパンをゲット

GUIDE
- 釣期　11月下旬～12月。
- 交通　東名高速・沼津ICを降り県道405からR1へ。原東町交差点を左折して原海岸へ。
- 問合先　イシグロ沼津店（☎ 055-927-1496）。

※50mのカケアガリがよく釣れるポイント

日を重ねるごとに気温が下がり、徐々に冬の訪れが迫ってくる今日この頃。これからの時期は釣りものが限られてくるなかでカワハギは最盛期を迎える。

原海岸は、シロギス釣りやヒラメやマゴチねらいのルアーフィッシングが盛んだ。シロギスねらいでは、よくエサをかすめ取られていることがある。その正体はおそらくカワハギだろう。釣ってよし、食べてよしのカワハギをねらっていただきたい。

原海岸は約50m先から急に深くなり、比較的水深がある。水温が下がっていくとカワハギは深場へ落ち、かたまって行動する。そして10月下旬あたりから釣れ始め、年内いっぱいまで「ガツッ！ガツッ！」という金属的なアタリを楽しむことができる。

カワハギはエサ取り名人といわれるだけあって、ハリ掛かりさせるのは難しい。常にサオ先に注意を払い、アタリを逃さないように。アタリがあれば瞬時にアワセを入れることが釣果を伸ばすコツだ。

エサは虫エサがメインで、イワイソメとアオイソメを併用するとよい。イワイソメは集魚効果があり、何度か打ち返すとカワハギを寄せることができる。アオイソメは動きでカワハギを誘う。カワハギねらいの仕掛けは、根掛かりを気にすることはないので3本バリでOK。ハリは丸セイゴ6号、ハリス2号、元ス3号の吹き流し仕掛けを基準にしていただきたい。

過去にはマゴチの50cmオーバーが掛かったこともある。少し太仕掛けを使用すると安心だ。外洋に面している海なので、荒れている時は無理をせず安全に釣りを楽しんでいただきたい（2015.1／神崎）。

日並にもよるが、よい時は15cm台の数釣りが楽しめ、時折20cmオーバーも混じる。

船釣りのイメージが強いカワハギだがここでは投げでねらうことができる

対象魚別釣り場 INDEX

※対象魚種が複数の場合カッコ内に記載

アオリイカ

【千葉】
守谷漁港 17
実入の磯 26
乙浜港 35
富浦湾 45

【神奈川】
ふれーゆ裏 49
湯河原高校裏 70

【静岡】
網代港 71
ハトヤ裏 76
汐吹崎 77
千本浜海岸 89

アジ

【千葉】
飯岡新港 8
岩和田漁港 14
鵜原漁港 16
守谷海岸 18
興津東港 20
浜行川漁港 24
小正月漁港 28
太夫崎港 29
乙浜港 34
宝来島＆原港（メバルほか）36
ガーデン下の磯（イサキ）37
川下港前の磯（メバル）38

カサゴ

【神奈川】
幸浦岸壁 50

【静岡】
八幡野マサキ・ヒナダン 81

カワハギ

【千葉】
沖ノ島護岸（シロギス）41

【静岡】
三浦海岸 59

サヨリ

【千葉】
大原漁港 11
和田浦漁港 30
一本橋 32

【神奈川】
北条海岸 42

【静岡】
千田港 33
千倉港赤灯台 31
浜行川漁港 23
興津東港 19
夷隅川河口 10

葉山沖 64

【静岡】
ハトヤ裏 74

汐吹崎 78
原海岸 90

クロダイ（＆カイズ、キビレ）

【千葉】
夷隅川河口 9
布引海岸 47

シーバス（ルアー）、スズキ、フッコ

91

みなと公園 48

【神奈川】
相模川 65

【静岡】
青野川河口（ヒラメ、マゴチほか）83

シロギス

【千葉】
相浜港（アジ、シマアジ）40

【神奈川】
富浦湾（マゴチ）44
野島防波堤・赤灯（カレイ）53
観音崎 57
金田湾（マゴチ）61

【静岡】
宇佐美海岸 73

マコガレイ

【神奈川】

伊勢町海岸 56
鴨居港 58

【千葉】
金谷フェリー港（カサゴ）46

ムラソイ

【千葉】

【静岡】
汐吹崎周辺のゴロタ 79
川奈崎のゴロタ 80

メジナ

【千葉】
興津西港 21
大沢弁天 25

【神奈川県】
別荘下 63
カワウソ 68
戒崎 69

【静岡】
ハトヤ裏 75

御浜崎 87

青もの等

【千葉】
興津西港 ショゴ 22
鴨川漁港 カンパチ 27
布良漁港 ショゴほか 39

【神奈川県】
金田湾 イイダコ 60

【静岡県】
二宮〜早川 ヒラメ・マゴチ 66
松崎港＆那賀川河口 マゴチ 84

メバル

【千葉】
岩船漁港 13

【神奈川】
福浦南岸壁 51
平潟湾周辺（フッコ）52
うみかぜ公園 55
油壺マリーナ 62

【静岡】
戸田港 メッキ 88
御浜崎 86

その他の魚種

【千葉】
大原タグリア イシモチ 12
吉尾港 マダイ 15
那古海岸 イシモチ、シロギス、マゴチ 43

【神奈川県】

【静岡】
網代港 アジ、サバほか 72
熱川堤防 サバほか 82

湘南〜西湘 ワカシ、サバほか 67
うみかぜ公園 サバ等、カサゴほか 54

【神奈川】
御浜崎 ヤリイカ 85

92

釣り場で使う結びの例

イトとイト（電車結び）

①イト同士を重ねて図のように輪を作り、輪の中に端イトを3～5回通して結ぶ

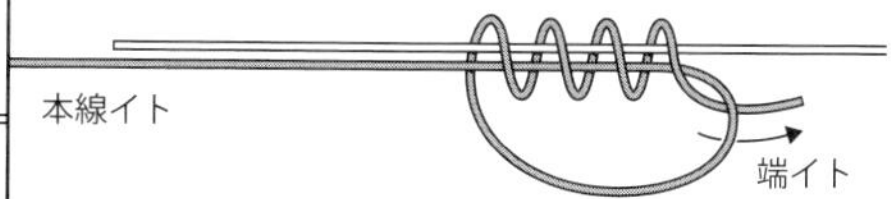

本線イト　端イト

②もう一方のイトも同様に同じ回数を通して結ぶ

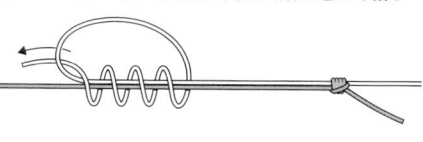

③結び目が2つできたら、左右の本線イトをゆっくり引き締めて移動させ、結び目を1つにする。

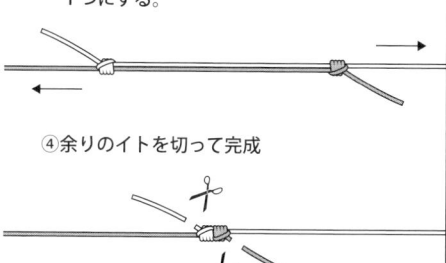

④余りのイトを切って完成

イトと金具・ルアーのアイ（ユニノット）

①イトの先端を金具やルアーのアイなどに通す

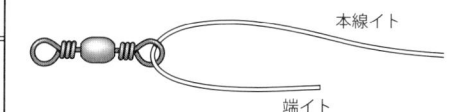

本線イト　端イト

②端イトで輪を作る

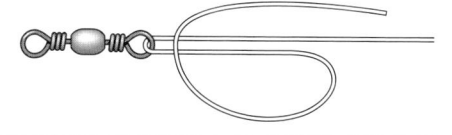

③輪の中に端イトを5回前後からませて端イトを軽く引き締める

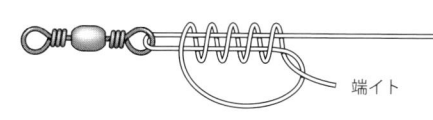

端イト

④本線イトをゆっくり引き締めてから、余りのイトを切って完成

本線イト

イトとハリ（外掛け結び）

①端イトで輪を作り、ハリに当ててからしっかり押さえる

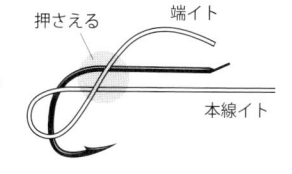

押さえる　端イト　本線イト

②端イトをハリの軸と本線イトに4～6回巻きつけていく。巻き終えたら輪の中に通す

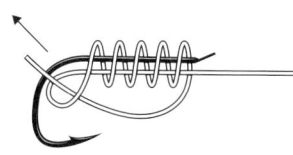

③本線イトをゆっくり引き締め、端イトも締める。余りのイトを切って完成

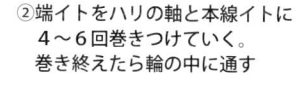

本線イト

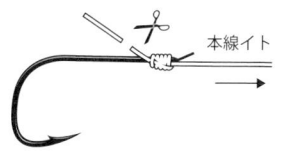

ウキ止メ（電車結びの応用）

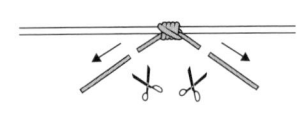

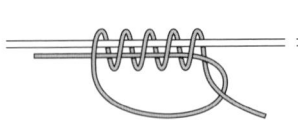

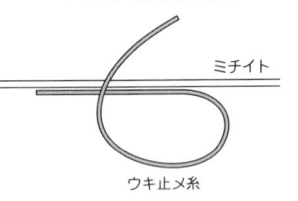

③両端を引いて締める。余りのイトを切って完成

②輪の中に4〜5回通す

①ミチイトに沿って、ウキ止メ糸で輪を作る

ミチイト

ウキ止メ糸

枝スの出し方

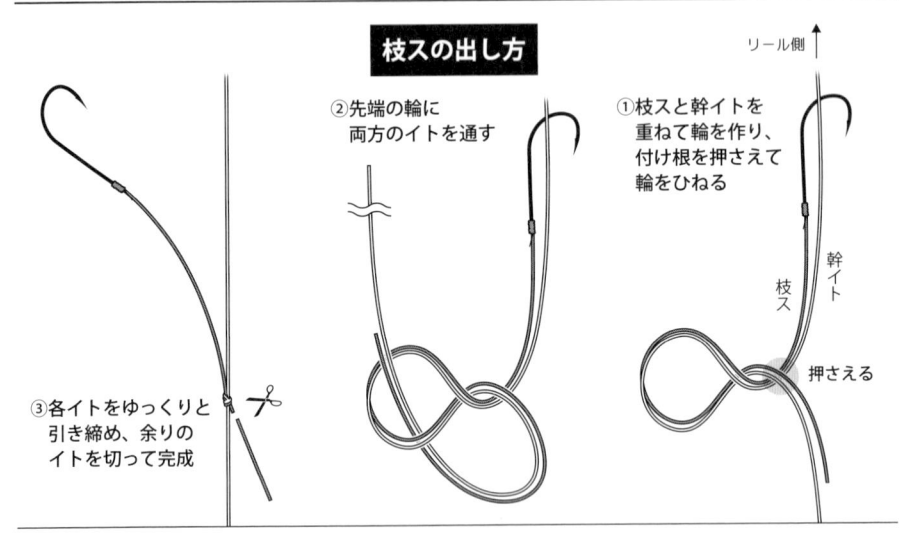

②先端の輪に両方のイトを通す

①枝スと幹イトを重ねて輪を作り、付け根を押さえて輪をひねる

リール側

幹イト

枝ス

押さえる

③各イトをゆっくりと引き締め、余りのイトを切って完成

枝スの修復

③枝スをゆっくり引いて結び目を挟み込むようにしっかり締め込んで完成

②結び目の上側に枝スを図のように回す

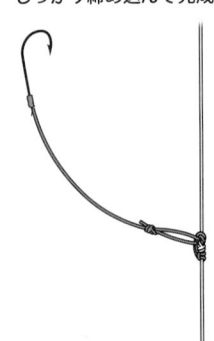

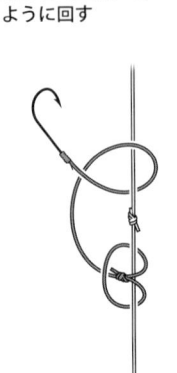

①ハリがなくなった枝スを切る。結びコブは残す

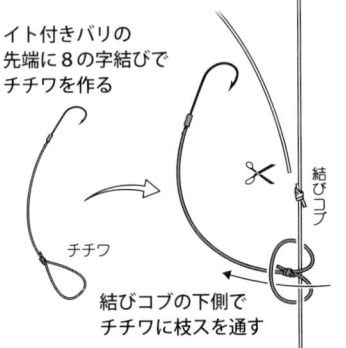

イト付きバリの先端に8の字結びでチチワを作る

チチワ

結びコブ

結びコブの下側でチチワに枝スを通す

94

●フィールド取材＆執筆者

飯泉大輔
昭和54年生まれ。千葉県千葉市在住。外房釣師会所属。得意な釣りはカゴ釣り。ほかにもウキフカセや投げ釣りでその時期の旬の魚を追いかけ、南房の磯を中心に房総半島を釣り歩いている。基本的に夜釣りがメイン。

石橋和輝
昭和60年生まれ。伊東市在住。小学生の頃から休日の度に地元周辺の堤防へ通い出す。地元の釣り人と知り合いが多く、伊豆周辺の堤防釣りの事情に詳しい。イシグロ伊東店勤務。

大野一正
昭和23年生まれ。神奈川県藤沢市在住。釣研遊会副会長。親が釣り好きで物心ついた頃にはすでに釣りザオを握っていた。多種の釣りをこなすが、メインは磯、堤防、渓流釣り。

川瀬　誠
昭和50年生まれ。現在はキャスティング横浜磯子店に勤務。基本的に魚釣りなら何でも好きだが、特にルアーフィッシングを好む。渓流トラウトからオフショアのマグロまで何でもこなす雑食系！ 最近は磯のヒラスズキとメバルにどっぷりハマっています！

神崎洋輔
昭和55年生まれ。神奈川県藤沢市在住。千葉サーフ所属。5歳の時に叔父に釣りを教わり、大学生で本格的に投げ釣りを始める。五島列島でマダイを釣り、大もの釣りに目覚める。現在は全国各地の大もの釣り場を釣り歩く。

坂井勇二郎
昭和34年生まれ。千葉県君津市在住。全日本サーフ対象魚の中から10数種類の魚をターゲットに全国で四季折々の釣りを楽しんでいる。夜釣りと渡船を使った釣りが多い。千葉サーフ所属。

佐藤直樹
昭和55年生まれ。神奈川県横浜市在住。『釣りは理屈とイメージ』。常に全力で魚を追う。バスフィッシングをメインにオフショアから堤防、船釣りまで幅広く楽しんでいる。つり具のキャスティング（株）ワールドスポーツ勤務。

庄司光浩
昭和43年生まれ。千葉県南房総市在住。得意な釣りはクロダイとメジナのウキフカセ釣り。夏は南房総独特のスイカを使ったクロダイ釣りを楽しみ、冬はメジナやサヨリ釣りもたしなむ。房総の旬の釣りならおまかせ！

新保明弘
昭和52年生まれ。静岡県沼津市在住。伊豆半島から御前崎までをホームグラウンドにする。オフショア、ショアともにルアーフィッシングなら何でもこなすが、特にエギング、シーバス、メバル、回遊魚の釣りが得意。

鈴木拓人
昭和47年生まれ。アオイソメを使った夜のウキフカセ釣りでクロダイ、キビレ、メジナをねらうのが得意。南房のクロダイ、メジナ事情に詳しい。釣りは幼稚園の頃にマブナ釣りを覚え、小学生で磯釣りに目覚める。クロダイの最大魚は54.5cm。

須藤恭介
昭和33年生まれ。東京都練馬区在住。アオリイカ、アジ、カレイ、カワハギ、マダイ、青ものと魚種を問わずボートターゲットは何でもイケる。近年は手漕ぎが結構しんどくなったが……、東京近郊のボート釣り場はおまかせ！

鶴岡　博
昭和45年生まれ。千葉県いすみ市在住。千葉総遊会所属。外房をメインに房総半島全域での磯釣りに詳しい。特に、イシダイやウキフカセでねらうメジナ、クロダイ釣りが得意。

野呂昌明
昭和53年生まれ。関東芭蕉会会長。淡水のルアーやソルトのライトゲーム、GT、マグロのビッグゲームまで時期に合った旬の釣りを楽しんでいる。

泰田智貴
昭和57年生まれ。千葉県船橋市在住。シロギス、テナガエビ、カワハギ、ハゼ、アジ、アナゴ、カレイなど美味しい魚をねらっている。房総半島でウキフカセ釣りをメインに、カゴ釣りなども楽しんでいる。

鷲尾　淳
昭和47年生まれ。神奈川県川崎市在住。幅広く釣りを嗜むが、特に好きなのが磯のメジナ、クロダイと夏のアユ、ハヤ。競技会にも積極的に参加。遅つジャンルのノウハウを応用するのがこだわりの釣りスタイル。

渡邉長士
昭和56年生まれ。千葉県いすみ市在住。「釣れる魚は釣れる時に釣る」をモットーに地元の房総半島を中心に旬な魚を常にねらっているマルチアングラー。釣りは5歳の時から始め、アジング歴は10年以上。

千葉・神奈川・静岡
超HOT海釣り場ガイド
2015年9月1日発行

編　者　つり人社書籍編集部
発行者　鈴木康友
発行所　株式会社つり人社

〒101-8408　東京都千代田区神田神保町1-30-13
TEL 03-3294-0781（営業部）
TEL 03-3294-0766（編集部）
振替 00110-7-70582
印刷・製本　図書印刷株式会社

乱丁、落丁などありましたらお取り替えいたします。
©tsuribito-sha 2015.Printed in Japan
ISBN：978-4-86447-081-0 C2075
つり人社ホームページ　http://tsuribito.co.jp/

本書の内容の一部、あるいは全部を無断で複写、複製（コピー・スキャン）することは、法律で認められた場合を除き、著作者（編者）および出版社の権利の侵害になりますので、必要の場合は、あらかじめ小社あて許諾を求めてください。